ŒUVRES PHILOSOPHIQUES

DE

SOPHIE GERMAIN

SUIVIES

DE PENSÉES ET DE LETTRES INÉDITES

Elibron Classics
www.elibron.com

Elibron Classics series.

© 2006 Adamant Media Corporation.

ISBN 0-543-94271-6 (paperback)
ISBN 0-543-94270-8 (hardcover)

This Elibron Classics Replica Edition is an unabridged facsimile of the edition published in 1879 by Paul Ritti, Paris.

Elibron and Elibron Classics are trademarks of Adamant Media Corporation. All rights reserved.

This book is an accurate reproduction of the original. Any marks, names, colophons, imprints, logos or other symbols or identifiers that appear on or in this book, except for those of Adamant Media Corporation and BookSurge, LLC, are used only for historical reference and accuracy and are not meant to designate origin or imply any sponsorship by or license from any third party.

ŒUVRES PHILOSOPHIQUES

DE

SOPHIE GERMAIN

PHILOSOPHIE MODERNE

ŒUVRES PHILOSOPHIQUES

DE

SOPHIE GERMAIN

SUIVIES

DE PENSÉES ET DE LETTRES INÉDITES

ET PRÉCÉDÉES

D'UNE NOTICE SUR SA VIE ET SES ŒUVRES

PAR

H^{te} STUPUY

PARIS
PAUL RITTI, LIBRAIRIE-ÉDITEUR
QUAI DES GRANDS-AUGUSTINS, 53 *bis*

1879

NOTICE

SUR LA VIE ET LES ŒUVRES

DE

SOPHIE GERMAIN

NOTICE

SUR LA VIE ET LES ŒUVRES

DE

SOPHIE GERMAIN

———

Il faut en faire l'aveu pénible. Tandis que tant de femmes ont trouvé la célébrité dans les écrits frivoles, la seule femme française qui ait réussi dans les travaux sévères, estimée des géomètres, auxquels d'ailleurs tout un aspect de son génie échappe, est à peine connue du public. Fontenelle, faisant l'éloge d'un savant anatomiste, remarque que ses travaux furent, pendant une longue carrière, comme ensevelis dans le silence, et il s'en explique : « Il n'a rien mis du sien dans sa » réputation que son mérite, et communément

» il s'en faut beaucoup que ce soit assez.[1] »
La réputation discrète de Sophie Germain
offre le même caractère. Son œuvre néanmoins est de celles dont la science et la philosophie ont tiré profit et honneur, et son
nom, que l'avenir connaîtra mieux, appartient à l'histoire des progrès de l'esprit humain.

Mademoiselle Germain (Marie Sophie), naquit à Paris, rue Saint-Denis — l'acte de baptême ne porte point de numéro — le 1er avril
1776, de Ambroise-François Germain et de
Marie-Madeleine Gruguelu.

Les détails manquent sur sa famille; on
sait cependant que son père appartenait à
cette bourgeoisie libérale et instruite qui,
après avoir applaudi aux tentatives réformatrices de Turgot, s'éveilla au désir plus étendu
de terminer la servitude en laquelle, depuis
Louis XIV, la France s'amoindrissait et se
ruinait. M. Germain était orfèvre. Fut-il le
partisan, sinon l'ami, des philosophes et des

[1] Eloge de Mery.

économistes? Sympathique aux idées nouvelles, se fit-il remarquer et apprécier dans les luttes qui précédèrent les événements de 1789? Les documents témoignent en faveur de l'affirmative. Député du Tiers-Etat pour la ville de Paris, on voit M. Germain s'associer aux résolutions qui transformèrent les Etats-Généraux en Assemblée Constituante ; constituant, on le rencontre à la tribune, et deux discours prononcés par lui, l'un le 8 octobre 1790, l'autre le 5 mai 1791, indiquent suffisamment la nature de ses idées en matière économique.

Le premier discours, en lequel, à propos d'un projet concernant la Caisse d'escompte, M. Germain combat, au nom des commerçants, « les banquiers et tous ces messieurs qu'on » appelle faiseurs d'affaires, » débute ainsi : « Je suis marchand ; je demeure dans la rue » Saint-Denis. » L'orateur, au cours de son second discours, déclare qu'il a « toujours » fait profession publique de regarder l'agio-

» tage comme un crime d'Etat. » Ce modeste titre de marchand dont il s'honore, cette haine de l'agiotage dont il se vante, voilà des indices, non-seulement du caractère personnel de M. Germain, mais aussi de la pensée collective de la classe dont il était le mandataire : la bourgeoisie n'avait pas encore imaginé d'ériger la richesse, bien ou mal acquise, en idéal social.

Après la Constituante, le nom de M. Germain ne figure plus dans aucune assemblée politique ; la présomption est que les événements avaient dépassé la portée de ses opinions. On a prétendu que lui-même, malgré ses protestations contre l'agiotage, s'occupa plus tard de spéculations ; on a dit aussi que le mauvais état de sa santé l'éloigna des affaires publiques : le certain c'est qu'il fut un moment l'un des directeurs de la Banque.

Ainsi, née l'année même du renvoi de Turgot, c'est-à-dire au seuil de la révolution, Sophie Germain reçut dès sa plus tendre enfance, dans les conversations qu'elle entendit chez son père, l'influence de la vigueur intellectuelle que le dix-huitième siècle manifestait alors ; que si une inclination naturelle la porta aux études mathématiques, la philosophie scientifique dont elle vit l'éclosion laissa dans son esprit une empreinte ineffaçable. On verra plus loin comment, par sa méthode de raisonner, elle se rattache à l'école de Diderot et de Condorcet.

La manière dont elle fut avertie de sa vocation mathématique mérite d'ailleurs d'être rapportée.

C'était en 1789. L'agitation révolutionnaire éclatait de toutes parts et, déjà, à l'âge de treize ans, avec la sagacité dont elle devait donner tant de preuves plus tard, Sophie Germain comprenait et, a-t-on dit, prédisait l'étendue et la durée d'un mouvement en lequel beaucoup ne voulaient voir qu'une tourmente passagère. Désireuse de se choisir une occupation assez sérieuse pour faire diversion à ses craintes, elle passait de longues heures dans la bibliothèque de son père. Un jour, par hasard, elle ouvre l'*Histoire des Mathématiques* de Montucla et, en ce livre plein d'érudition, trouve le récit éloquent de la mort d'Archimède : ce grand homme, occupé à réfléchir sur une figure géométrique, les yeux et la pensée tout entiers à cette méditation, ne s'aperçoit ni de la prise de Syracuse, ni du bruit des vainqueurs qui saccagent la ville, ni du glaive levé sur lui, et il tombe sans daigner répondre aux brutales injonctions de son assassin. Aussitôt le choix de la jeune fille est fait. Cette science géométrique si attachante que rien n'en peut détourner, pas même une menace de mort, cette science dont elle connaît à peine le nom, voilà bien celle qui lui convient ; et, sur l'heure, elle prend la résolution héroïque de s'y donner complétement.

La résolution héroïque, ai-je dit. Le mot n'est pas excessif. En effet, justifiant à son insu cette parole de Fontenelle, que la plupart de ceux qui ont excellé en quelque genre n'y ont point eu de maîtres, sans autre guide qu'un Bezout, seule, dépourvue de conseils, elle se met à étudier tout ce qu'elle a sous la main, pénètre, devine, s'intéresse, se passionne; c'est un labeur de jour et de nuit, c'est une ardeur telle que sa famille s'en effraie. On essaya d'abord d'entraver son goût. A quoi pourrait servir la géométrie à une personne de son sexe? Sans doute sa réponse fut plus respectueuse que celle de Galilée;[1] toutefois, en cherchant à mettre obstacle à son désir, on ne réussit qu'à l'accroître. Alors, pour la forcer à prendre le repos nécessaire, on retire de sa chambre le feu, les vêtements, la lumière. Elle feint de se résigner; mais, quand la famille est endormie, elle se relève, s'enveloppe de couvertures et, par un froid tel que l'encre gèle en son écritoire, se livre à ses

---

[1] On demandait à Galilée à quoi servait la géométrie : il répondit que la géométrie servait principalement à *peser,* à *mesurer* et à *compter* ; à peser les ignorants, à mesurer les sots, et à compter les uns et les autres.

chères études. Plusieurs fois on la surprit ainsi le matin, transie de froid sans s'en être aperçue. Devant une volonté si extraordinaire pour son âge, on eut la sagesse de laisser la jeune Sophie disposer à son gré de son temps et de son génie, et l'on fit bien : comme le géomètre de Syracuse, elle serait morte plutôt que d'abandonner le problème ébauché.

Malgré la force de tête qu'ils supposent, combien durent être pénibles les premiers efforts de la jeune fille ! Quoi qu'il en soit ses progrès furent rapides et, bientôt, elle se trouva en état d'étudier avec fruit le calcul différentiel de Cousin. Le temps de l'ingrate préparation était passé, et l'opiniâtre travailleuse goûtait la joie que procure la certitude d'arriver au but, joie sans doute bien vivement ressentie puisque vers la fin de sa vie, au témoignage de personnes qui l'avaient connue, Mlle Germain parlait encore avec animation du bonheur qu'elle éprouva à ce moment où elle comprit enfin le langage de l'analyse. Mais alors, et précisément à cause de ses progrès, une nouvelle difficulté se présenta ; il lui devint indispensable de connaître et d'approfondir des ouvrages de science écrits en latin, et elle n'entendait point cette langue : en ceci encore M{}^{lle} Germain ne prit secours de personne et, seule, elle se rendit capable de lire Euler et Newton. Le croira-t-on ? Tant de soins ne suffisaient pas à son activité. Imbue de l'esprit généralisateur qui se révèle dans l'Encyclopédie, elle commençait en même temps à explorer tout le domaine de la connaissance et, par une sorte d'instinct, rencontrait ainsi les conditions nécessaires de l'œuvre qui, quarante ans après, devait la ranger parmi les fondateurs de la psychologie réelle. C'est absorbée dans ces travaux qu'elle traversa les phases de la révolution : celle, si lumineuse, où les grandes perspectives furent ouvertes par le savoir émancipé; celle, si sombre, où la hache du rhéteur déiste, aussi stupide que le fer du soldat romain, infligea à l'Académie des sciences le deuil de Bochart de Saron, de Condorcet, de Lavoisier.[1]

Cependant, après la chute des déclamateurs, la parole fut rendue aux savants. Fourcroy monte à la tribune de la Convention : « Les » lumières, dit-il, ont commencé la Révolu-» tion française, les lumières ont fait marcher » le peuple français de triomphe en triomphe; » c'est à elles à vaincre tous les obstacles, » à préparer tous les succès, à soutenir la » République française à la hauteur où elle » s'est élevée. » Il dénonce la conjuration des disciples de Rousseau contre les progrès de la

[1] On put craindre un instant que Lagrange ne fut éloigné. Robespierre avait fait rendre un décret qui forçait à sortir de France tous ceux, sans aucune distinction, qui étaient nés en pays étrangers ; et le grand géomètre se trouvait dans ce cas. Voici un passage du discours de Robespierre : « La mesure est » rigoureuse, elle pourra atteindre quelques philoso-» phes amis de l'humanité ; mais cette espèce est si » rare que le nombre des victimes ne sera pas grand. » (Séance de la Convention, 25 octobre 1793). Voir les notes fournies par Guyton-Morveau dans les *Mémoires de l'Institut.*

raison humaine, progrès qui, en effet, sont inséparables de l'avénement et du développement des sciences exactes : « Persuader au
» peuple que les lumières sont dangereuses,
» et qu'elle ne servent qu'à le tromper ; saisir
» toutes les occasions de déclamer vague-
» ment, et à leur manière constante, contre
» les sciences et les arts ; accuser jusqu'au
» don de la nature et proscrire l'esprit ; tarir
» toutes les sources de l'instruction publique,
» pour perdre en quelques mois le fruit de
» plus d'un siècle d'efforts pénibles ; proposer
» la destruction des livres, avilir les produc-
» tions du génie, mutiler les chefs-d'œuvre
» des arts, sous des prétextes astucieusement
» présentés à la bonne foi ; placer près de
» tous les dépôts précieux pour les arts et les
» lettres la torche d'Omar pour les incendier
» au premier signal ; arrêter sans cesse par de
» frivoles objections les projets d'instruction
» proposés dans cette enceinte ; présenter un
» plan d'éducation inexécutable dans les cir-

» constances où se trouvait la République,
» pour qu'il n'y eût point d'éducation ; détruire
» à la fois tous les établissements publics,
» sans rien mettre à leur place; en un mot
» anéantir toutes les choses et tous les hom-
» mes utiles à l'instruction : voilà une légère
» esquisse de la vaste conspiration ourdie,
» avec la plus dangereuse et la plus perfide
» adresse, par les derniers conspirateurs.[1] »
Et il propose l'établissement de cette *Ecole
centrale des travaux publics* qui, un an plus
tard, prit le titre d'*Ecole polytechnique*. L'E-
cole, immédiatement organisée, eut pour
premiers professeurs, entre autres, Lagrange,
Prony, Monge, Fourcroy, Vauquelin, Berthollet, Chaptal, Guyton-Morveau, toute une
pléïade d'hommes supérieurs.

Sophie Germain avait alors dix-huit ans.
Frappée de l'utilité d'un enseignement que
son sexe lui interdisait de suivre en per-

---

[1] *Rapport à la Convention nationale*, 28 septembre 1794.

sonne, et voulant du moins en profiter, elle se procura les leçons de divers professeurs, spécialement les cahiers de la chimie de Fourcroy, ceux de l'analyse de Lagrange. Elle fit plus. Une habitude s'était établie parmi les élèves de présenter aux professeurs, à la fin des cours, des observations par écrit; sous le nom supposé d'un élève de l'Ecole — Le Blanc, pseudonyme dont elle se servit pendant quelque temps, — elle envoya les siennes à Lagrange. Celui-ci les remarqua, en fit publiquement l'éloge, s'informa du véritable auteur et, l'ayant connu, devint le conseiller et l'appui de la jeune mathématicienne.

Les circonstances originales de son apparition, l'approbation de l'illustre auteur de la *Mécanique analytique*, l'âge de la nouvelle géomètre, quelques détails sur ses commencements qui transpirèrent, tout cela fit du bruit, piqua la curiosité, provoqua la sympathie; on s'étonna, on s'intéressa, et aussitôt Mlle Germain se trouva en relations, soit directes, soit épistolaires, avec tous les savants connus de l'époque. Chacun sollicitait l'honneur de lui être présenté, ceux-là lui communiquaient leurs travaux, ceux-ci lui adressaient leurs ouvrages, on venait causer chez elle. Et tout de suite ceux qui l'approchèrent reconnurent que « cette femme savante » échappait aux sarcasmes de Molière pour justifier ce mot de La Bruyère : « Si la science » et la sagesse se trouvent unies en un même » sujet, je ne m'informe plus du sexe, j'admire. » Que si, d'ailleurs, Mlle Germain fit son entrée dans le monde au murmure favorable d'une bonne renommée, après une existence toute de travail et de réserve, elle en sortit de même, quittant une œuvre impérissable et non une gloire tapageuse.

Tant de marques de sympathie, tant d'amitiés illustres, loin d'être pour celle qui en était le digne objet une occasion de vanité ou de distraction, devinrent pour elle un nouveau stimulant. Pendant plusieurs années on la trouve puisant dans des conversations familières, où elle-même excellait, des aliments pour son esprit, et, labeur incessant à un moment où la science biologique se constituait par une infinie variété d'efforts,[1] se tenant au courant des cours, des livres et des découvertes, déjà obsédée peut-être de la pensée d'une analogie possible entre toutes les opérations intellectuelles — pensée qu'elle réalisera dans sa maturité — lisant les poëtes et cultivant les arts, mais préoccupée surtout de se perfectionner dans les mathématiques.

Legendre ayant, en 1798, publié la *Théorie des nombres*, elle se livra avec son ardeur habituelle à l'étude de cette théorie, étude que nous la verrons longtemps poursuivre ; de là, entre eux, une correspondance qui, lors

---

[1] GŒTHE, *Essais d'histoire naturelle et de Morphologie*, 1790 ; CUVIER, *Tableau élémentaire de l'histoire naturelle des animaux*, 1794 ; GEOFFROY-ST-HILAIRE, *Mémoire sur les Makis*, 1795 ; LAMARCK, *Mémoires de physique et d'histoire naturelle*, 1797 ; BICHAT, *Cours publics d'anatomie*, 1797 ; etc., etc.

du concours académique sur les surfaces élastiques auquel le nom de Sophie Germain reste glorieusement attaché, prendra presque le caractère d'une collaboration. Plus tard, en 1801, les *Disquisitiones arithmeticæ* de Gauss paraissent ; aussitôt la méditation de Mlle Germain se porte sur ce sujet : elle fait de nombreuses recherches sur ce genre d'analyse, applique la méthode à plusieurs cas spéciaux, généralise ce qui dans le livre est particularisé, tente une nouvelle démonstration pour les nombres premiers à propos de la célèbre formule de Fermat et, mettant le tout sous pli, toujours sous le pseudonyme de Le Blanc, adresse ses essais au célèbre professeur de Gœttingue, persuadée, écrit-elle, qu'il ne dédaignera pas d'éclairer de ses avis « *un amateur enthousiaste* » de la science qu'il cultive avec de si brillants succès. M. Le Blanc était loin d'être un simple « amateur », et Gauss s'en aperçut bien ; aussi sa réponse, qui parvint au géomètre inconnu, par l'entremise de M. Sylvestre de Sacy, fut-elle des plus honorables. Un commerce d'amitié s'ensuivit.

Ces relations amicales duraient depuis plusieurs années sans que Gauss connût le sexe et le nom de son correspondant, lorsque, en 1806, une circonstance lui fit découvrir la pseudonymie. L'anecdote est curieuse et montre que, même chez la femme, l'habitude de penser juste ne porte aucune atteinte aux impulsions bienveillantes. Pendant la campagne d'Iéna, les Français, vainqueurs, occupèrent la ville de Brunswick où résidait alors le savant mathématicien. Mlle Germain se souvient d'Archimède, s'alarme et, en termes chaleureux, écrit à un ami de sa famille, le général Pernety, chef d'état-major de l'artillerie de l'armée d'Allemagne. Sa lettre trouve le général devant Breslau, dont il dirige le siége. L'adjuration était sans doute bien vive puisque, sans délai, un officier fut envoyé à Brunswick pour prendre des nouvelles de la part du général et de M{ile} Germain. L'officier court en poste, arrive, trouve Gauss qui, chaudement recommandé et invité à dîner chez le gouverneur, déclare ne connaître ni le général, ni *Mademoiselle Sophie Germain :* celle-ci, dans son empressement, avait oublié que l'intervention de M. Le Blanc eût été seule compréhensible. Cependant sur le rapport que l'envoyé rendit de sa mission, des explications furent échangées et Gauss, sachant à qui adresser l'expression de sa reconnaissance, s'en acquitta dans des termes aussi touchants pour l'amie — c'est le mot qu'il emploiera désormais — que flatteurs pour la géomètre. Combien la philosophie du dernier siècle, élargissant la sociabilité et appelant les hommes à la science, à la tolérance, aux mœurs pacifiques, aurait épargné d'années douloureuses à l'humanité sans le sophiste et le batailleur auxquels, par la mauvaise chance des événements, échut la dicture ! Ce passage de la réponse du général

Pernety à Mlle Germain le prouve bien aussi :
« Me voici faisant un siége, entendant et fai-
» sant gronder le ou les tonnerres, brûlant des
» maisons, des églises, car les clochers sont
» des points de mire pour les bombes, enfin *fai-*
» *sant par réflexion tout le mal que je peux à*
» *qui jamais ne m'en fit aucun,* que je ne
» connais pas; mais c'est le métier. On m'ac-
» cable à mon tour de boulets, d'obus et de
» bombes, et tout va le mieux du monde. »
L'immortel auteur de la *Tactique*[1] eut signé
de telles paroles ; mais ne sont-elles pas singulièrement signifiantes sous la plume d'un
militaire, alors même que la manie sangui-
naire des conquêtes troublait tant de cerveaux ?

De nos jours, pour descendre dans l'arène
où se discutent, se forment et s'agitent les
opinions, il suffit d'en trouver l'occasion — et
l'occasion est aveugle. A l'époque de Sophie
Germain, on respectait assez les autres et

---

[1] Poëme de Voltaire.

soi-même, on plaçait la portée et la valeur de l'œuvre assez au-dessus des impatiences personnelles, pour ne saisir le public de ses travaux qu'après s'être laborieusement préparé; aussi, à l'âge de trente ans, n'avait-elle encore rien publié. Quelle fut sa surprise quand, un jour, on lui remit des vers grecs composés en son honneur ! Un hellèniste distingué, d'Ansse de Villoison, s'était fait l'écho de l'admiration qu'elle inspirait à quelques hommes supérieurs, et, dans un poème destiné à célébrer le jour de la naissance de l'astronome Lalande, rendait hommage à ses talents. Mlle Germain se fâcha, et même après que les vers grecs eurent été brûlés par leur auteur, tint rigueur à l'indiscret de telle sorte qu'il eut quelque peine à rentrer en grâce. Telle était la modestie de cette femme remarquable. Il est vrai que Villoison, quoique ayant dû donner « sa parole d'honneur » de ne plus parler d'elle dans aucun écrit et de tenir sa muse « muette et enchaînée,[1] » recommença quelque temps après, en latin cette fois. Comme Horace glorifiant son ami Lollius :

> *Non ego te meis*
> *Chartis inornatum silebo,*
> *Totve tuos patiar labores*
> *Impune, Lolli, carpere lividas*
> *Obliviones* [2]

le versificateur ne voulait pas que les labeurs de la jeune savante devinssent la proie de l'envieux oubli. Mais notons la différence. Tandis que Lollius ne vit plus que dans les vers du poëte de Tibur, Sophie Germain existe dans une œuvre qui lui est personnelle et les vers de Villoison sont oubliés.

Cela se passait en 1802. Quelques années encore et le génie de Sophie Germain allait enfin s'affirmer publiquement. Voici dans quelles circonstances elle commença sa vie d'auteur.

---

[1] *Lettres de D'Ansse de Villoison à Sophie Germain.*

[2] Horat. *Odes*, IV, 9.

Chladni, déjà célébre en Allemagne, par des expériences curieuses sur les vibrations des surfaces élastiques, vint, en 1808, répéter ses expériences à Paris ; elles tendaient à démontrer que l'influence des vibrations sur les corps est soumise à des lois mathématiques constantes. Sa méthode, simple et ingénieuse, consistait à saupoudrer de sable fin ou de poussière, des plaques dont les vibrations se traduisaient aux yeux par les figures qu'elles dessinaient.[1] C'était un champ nouveau ouvert à l'acoustique ; le monde savant s'émut, une commission fut instituée pour statuer sur les résultats obtenus, et un rapport favorable s'ensuivit. Napoléon, devant qui les expériences avaient eu lieu, fit alors proposer un

---

[1] M. Biot, dans un intéressant article du *Journal des Savants* — mars 1817 — fait remarquer que la découverte de ce procédé ingénieux n'était pas toute nouvelle, non plus que l'observation du partage des corps sonores en plusieurs zones, car Galilée avait fait mention de l'une et de l'autre dans le premier de ses dialogues sur le mouvement dédié au comte de Noailles : *Op. di Gal. Padoua*, 1764. Tome III, page 59.

prix extraordinaire à l'Institut pour qu'elles fussent soumises au calcul, et Mlle Germain se résolut à prendre part au concours.

Mais, pour mettre le lecteur à même de bien concevoir l'importance des travaux qu'elle entreprit à cet égard, il convient de faire un rapide historique de la question. L'histoire, en toutes choses, apporte de précieuses clartés.

Bien que l'étude de la propagation du son et de la nature de l'harmonie remonte loin dans les âges, l'acoustique peut-être considérée comme une science à peu près-moderne; c'est, en effet, vers le milieu du XVIIe siècle seulement que la théorie du son fut affranchie des hypothèses antiscientifiques. Dans les hauts temps Pythagore, Aristoxène, Aristote, comprirent que l'harmonie consiste dans la perception des rapports des sons — ce qui la différencie des bruits proprements dits, en lesquels les sensations produites ne sont pas exactement comparables entre elles — mais ils ne surent ni apprécier ces rapports, ni en fixer les limites. Longtemps, la théologie d'abord, puis la métaphysique, voilèrent de leurs expédients chimériques les véritables conditions de la recherche ; et il faut arriver à Bacon et à Galilée pour rencontrer les bases réelles de la conception scientifique de la production et de la transmission des vibrations sonores, conception qui exigeait la connaissance préalable des propriétés mécaniques de l'atmosphère.

« L'air, écrit Diderot dans ses *Principes*
» *d'acoustique*, est le véhicule du son. Si
» vous pincez une corde d'instrument, vous y
» remarquerez un mouvement qui la fait aller
» et venir avec vitesse, en delà et en deçà
» de son état de repos ; et ce mouvement
» sera d'autant plus sensible que la
» corde sera plus grosse. — En vertu des
» vibrations du corps sonore, l'air environ-
» nant en prend et exerce de semblables sur
» les particules les plus voisines ; celles-ci su

» d'autres qui lui sont contiguës, et ainsi de
» suite, avec cette différence seule que l'action
» des particules les unes sur les autres est
» d'autant plus grande que la distance au
» corps sonore est plus petite. »

Voilà le phénomène. Il faut ajouter que l'agitation se propage, non-seulement suivant la direction de l'ébranlement primitif, mais encore en tous sens. Ce phénomène naturel, il fallait le constater, en découvrir les lois générales, en déterminer les cas particuliers, et cela par l'observation, l'expérience et le calcul. Or, l'élasticité et la pesanteur de l'air se trouvant démontrées, les découvertes, comme une chaîne dont les anneaux se déroulent, se succédèrent rapidement. Gassendi, le premier, expliqua l'acuité et la gravité des sons. Otto de Guéricke, qui eut l'idée de la machine pneumatique, montra que le son ne peut se propager dans le vide. Kircher fit connaître les causes du phénomène de l'écho. Newton établit par le calcul que la trans-

mission du son est due à l'élasticité de l'air et, par cela même, indiqua la relation directe de l'acoustique avec la mécanique abstraite. « Considérés sous le point de vue le plus
» général, écrit l'immortel auteur du Cours
» de philosophie positive,[1] les phénomènes
» sonores se rattachent évidemment à la
» théorie fondamentale des oscillations très-
» petites d'un système quelconque de molé-
» cules autour d'une situation d'équilibre
» stable. Car, pour que le son se produise,
» il faut d'abord qu'il y ait perturbation brus-
» que dans l'équilibre moléculaire, en vertu
» d'un ébranlement instantané ; et il est tout
» aussi indispensable que ce dérangement pas-
» sager soit suivi d'un retour suffisamment
» prompt à l'état primitif. Les oscillations
» plus ou moins perceptibles et continuelle-
» ment décroissantes qu'effectue ainsi le sys-
» tème en deçà et au-delà de sa figure de

[1] *Cours de Phyiosophie positive,* T. II, p. 413 (Aug. Comte).

» repos, sont, par leur nature, sensiblement
» isochrones, puisque la réaction élastique
» en vertu de laquelle chaque molécule tend
» à reprendre sa position initiale est d'autant
» plus énergique, que l'écartement a été plus
» grand, comme dans le cas du pendule.
» Pourvu que ces vibrations ne soient pas
» trop lentes, il en résulte toujours un son
» appréciable. Une fois produites dans le
» corps directement ébranlé, elles peuvent
» être transmises à de grands intervalles, à
» l'aide d'un milieu quelconque suffisamment
» élastique, et principalement de l'atmosphère,
» en y excitant une succession graduelle de
» dilatations et de contractions alternatives,
» que leur analogie évidente avec les ondes
» formées à la surface d'un liquide a fait justement
» qualifier d'*ondulations* sonores.[1]
» Dans l'air, en particulier, vu sa parfaite

---

[1] Newton, dans le livre des *Principes,* les compare aux oscillations de l'eau dans un syphon renversé.

» élasticité, l'agitation doit se propager, non-
» seulement suivant la direction de l'ébran-
» lement primitif, mais encore en tous sens
» au même degré. Enfin, les vibrations trans-
» mises sont toujours nécessairement isochro-
» nes aux vibrations primitives, quoique leur
» amplitude puisse être d'ailleurs fort diffé-
» rente. — L'analyse la plus élémentaire du
» phénomène général des vibrations sonores
» a donc suffi pour faire concevoir cette étude,
» presque dès son origine, comme immédiate-
» ment subordonnée aux lois fondamentales
» de la mécanique rationnelle. »

Du vivant même de Newton, Joseph Sauveur, avec qui commencent les explorations démonstratives, découvrit les nœuds et les ventres de vibrations. Enfin, Brook Taylor, dans les Mémoires qu'il présenta à la Société royale de Londres, puis, Daniel Bernouilli, Euler et D'Alembert soumirent à l'analyse la théorie des cordes vibrantes ; mais, jusque-là, une analyse si délicate n'avait pu fournir aux géomètres que des solutions très-imparfaites[1] ; il fallait un nouveau calcul, celui des différences partielles : D'Alembert en eut l'honneur[2] et, en 1747, l'appliquant aux vibrations sonores, donna la solution du cas linéaire ; cependant la gloire d'avoir découvert les principes fondamentaux appartient à Bernouilli.

Une lutte « longue et glorieuse » dit Condorcet, se produisit à ce sujet :

« M. D'Alembert avait résolu, en 1747, le
» problème des cordes vibrantes, en donnant

---

[1] L'étude de l'élasticité des surfaces est en effet des plus difficiles. « Les mouvements célestes, écrit Biot, » quelque composés qu'ils paraissent, ne dépendent » que de l'action réciproque d'un petit nombre de corps » placés à de grandes distances les uns des autres et se » mouvant dans le vide avec une régularité admirable. » S'il a fallu tant d'efforts pour en développer les » lois, quelle difficulté plus grande encore ne doit-on » pas éprouver pour calculer les actions réciro-» ques d'une infinité de particules assez rapprochées » les unes des autres pour que la forme ait une in-» fluence sensible sur leurs effets ! » *Journal des Savants.*)

[2] Il donna les premiers essais du calcul des différences partielles dans un ouvrage sur la théorie générale des vents, couronné par l'Académie de Berlin, en 746.

» le premier, sous leur forme véritable, les
» équations intégrales de ce problème : cette
» solution avait toute la généralité dont la
» nature de la question la rend susceptible.
» M. Euler, peu de temps après, en donna
» une, fondée sur les mêmes principes, et où
» il est conduit aux mêmes résultats par une
» méthode semblable. Ces deux grands géo-
» mètres ne différaient que sur la manière
» d'assujettir à la loi de continuité les fonc-
» tions arbitraires que le calcul introduisait
» dans les intégrales. M. Bernouilli prétendit
» que la méthode de Taylor, qui, le premier,
» avait résolu le problème des cordes vibran-
» tes, mais dans une hypothèse particulière,
» était, par sa nature, aussi générale que la
» nouvelle méthode, et il réduisait par là le
» mérite de la solution qu'elle donne à celui
» d'avoir su employer une analyse alors toute
» nouvelle, celle des équations aux différences
» partielles. »[1]

[1] Concordet, *Eloge de Bernouilli*.

Peu de géomètres, ajoute l'infortuné secrétaire de l'Académie des sciences, ont partagé l'opinion de Bernouilli quant à la généralité des méthodes elles-mêmes.

Lors des expériences de Chladni, la théorie mathématique du mouvement vibratoire suivant une seule dimension, se trouvait donc seule complète. De quoi s'agissait-il pour faire un nouveau pas? Il s'agissait de considérer un cas plus difficile et plus rapproché de la réalité : la vibration des surfaces. Là est l'importance des travaux de Sophie Germain; car, Aug. Comte lui rend cette justice, c'est « la » mémorable impulsion donnée à la science, » sous ce rapport »,[1] par son génie, qui incita les géomètres à cette nouvelle étude.

Le concours de l'Institut s'ouvrit donc, et la question fut ainsi posée :

Donner la théorie mathématique des surfaces élastiques et la comparer à l'expérience.

[1] *Cours de Philosophie positive*, tome II, page 415.

Lagrange ayant affirmé que cette question ne serait pas résolue sans un nouveau genre d'analyse, tous les géomètres se courbèrent devant cette imposante autorité et, paraît-il, s'abstinrent. Seule, Sophie Germain ne désespéra point du succès, observa et étudia longtemps les phénomènes et, le 21 septembre 1811, envoya à l'Institut un mémoire anonyme qui donnait une équation des surfaces élastiques.

Sans doute, au cours de ses recherches, elle s'était aidée des conseils ou du moins avait pris l'opinion de ses savants amis, puisque nous avons une lettre de Legendre, à elle adressée, en laquelle, soulevant des objections et indiquant des difficultés, il dit qu'il n'a pas assez réfléchi sur ces sortes de questions et qu'il aime mieux « donner cause gagnée à » Mme Sophie, que de lutter avec elle sur un » sujet qu'elle a beaucoup médité. » Lagrange n'imita pas cette réserve et communiqua une ~ote aux commissaires chargés de l'examen du mémoire,[1] note où il signale l'inexactitude de l'équation proposée et déclare « que » la manière dont on cherche à la déduire de » celle d'une lame élastique en passant d'une » ligne à une surface lui paraît peu juste. » Le prix ne fut pas donné. Le vrai, c'est que Sophie Germain, travaillant pour ainsi dire d'instinct et sans avoir jamais fait un cours régulier d'analyse, n'avait pas résolu complètement la question ; mais son mémoire, dont la sagacité fut remarquée, ouvrait si bien la voie que Lagrange en tira l'équation exacte. Legendre (4 décembre 1811) en prévient l'auteur, lui apprend que M. Biot [2] aussi croit avoir trouvé la véritable équation de la surface élastique vibrante, laquelle équation n'est pas la

[1] Les commissaires étaient Laplace, Lagrange, Lacroix, Malus et Legendre.

[2] Euler n'avait obtenu que par des hypothèses particulières l'équation générale du mouvement des surfaces vibrantes : M. Biot a su la tirer du principe des vitesses virtuelles, il la développe en une série, de laquelle il déduit quelques-unes des circonstances du mouvement des plaques vibrantes entre des limites

même que celle trouvée par Lagrange d'après l'hypothèse du mémoire, et il ajoute : « J'ima-
» gine que la question sera proposée avec un
» nouveau délai ; ainsi miséricorde n'est pas
» perdue : au contraire, il faut plus que jamais
» songer à emporter la palme. »

Un second concours fut, en effet, ouvert. Mlle Germain se remit à l'étude et, le 23 septembre 1813, envoya un second mémoire. Ici encore on voit la sagacité de l'auteur trompée par l'imperfection de son instruction première, et Legendre, qu'elle consulte (4 décembre 1813), ne le lui cache pas :

« Je ne comprends pas du tout, lui écrit-il,
» l'analyse que vous m'envoyez, il y a certai-
» nement erreur ou dans l'écriture ou dans le
» raisonnement ; et je suis porté à croire que

---

fixes : il prouve que lorsqu'elles sont rectangulaires, elles peuvent, dans leurs vibrations, se partager en quatre rectangles égaux : ce qui s'accorde avec une des expériences de M. Chladni.

(*Extrait du rapport sur les progrès des sciences mathématiques, depuis 1789, par* DELAMBRE, *1810.)*

» vous n'avez pas une idée bien nette des opé-
» rations qu'on fait sur les intégrales doubles
» dans le calcul des variations. » Et plus loin :
« Il paraît reconnu cependant que votre
» équation est réellement celle de la surface
» vibrante. En mettant l'analyse à part, le
» reste peut être bon, en ce qui concerne l'ex-
» plication des phénomènes. Si la commission
» de l'Institut était de cet avis, vous pourriez
» être mentionnée honorablement ; mais je
» crains bien que l'analyse manquée ne nuise
» beaucoup au mémoire, malgré ce qu'il peut
» contenir de bon. »

Legendre ne se trompait point : Mlle Germain obtint seulement la *mention honorable*.

Un troisième concours eut lieu en 1816. Cette fois, c'est Poisson que Mlle Germain consulte sur le mémoire envoyé par elle, et Poisson (15 janvier 1816) répond :

« Le reproche que la commission lui a fait
» (au mémoire) porte moins sur l'hypothèse
» dont vous êtes partie que sur la manière

» dont vous avez appliqué le calcul à cette
» hypothèse. Le résultat auquel ce calcul
» vous a conduite ne s'accorde avec le
» mien[1] que dans le seul cas où la surface
» s'écarte infiniment peu d'un plan, soit
» dans l'état d'équilibre, soit dans l'état de
» mouvement. »

Plus sûre d'elle-même, Mlle Germain avait, pour ce nouveau concours, renoncé à l'anonymat.[2] L'Académie rendit un jugement à la suite duquel le mémoire fut enfin couronné, quoique l'équation n'y fut pas encore démontrée rigoureusement.[3]

[1] Poisson avait été conduit directement à l'équation de Sophie Germain, équation rectifiée par Lagrange, sans le secours d'aucune hypothèse. — POISSON, *Mémoire sur les surfaces élastiques,* lu le 1er août 1814.

[2] « L'ouverture du billet cacheté fit connaître le nom
» d'une femme, Mlle Germain, probablement la per-
» sonne de son sexe qui ait pénétré le plus profondé-
» ment dans les mathématiques, sans en excepter Mme du
» Châtelet, *car ici il n'y avait point de Clairaut.* » —
BIOT, *Journal des Savants,* mars 1817.

[3] « Malgré ce succès mérité, la base fondamentale
» de la théorie restait encore à établir : la difficulté

Tant d'hommes considérables conduits à approfondir et à renouveler une question posée par eux-mêmes, voilà un fait qui justifie pleinement l'épithète de « mémorable » dont on a caractérisé l'impulsion donnée à la science par notre mathématicienne. Et puis, cette confraternité intellectuelle qu'ils témoignent

» consistait surtout à exprimer analytiquement com-
» ment s'exerce la réaction élastique d'une surface
» rigide. On en conçoit bien le principe dans une sim-
» ple courbe ; il résulte de la résistance que les élé-
» ments successifs opposent à être fléchis les uns sur
» les autres et à changer leur angle de contingence
» actuel ; mais comment exprimer cette condition
» pour une surface où la flexion peut avoir lieu en
» tous sens? Il semblait qu'on ne pût y parvenir que
» par quelque proposition plus ou moins vraisem-
» blable qui permît d'exprimer la réaction de la sur-
» face par les réactions partielles des courbes dont elle
» était composée. C'est ce que j'avais fait, et proba-
» blement ce qu'avaient fait M. Lagrange et l'auteur
» de la pièce couronnée. M. Poisson a pris une autre
» marche bien plus hardie et bien plus générale, mais
» aussi plus certaine. Il a considéré la surface élasti-
» que telle qu'elle existe physiquement dans les corps
» naturels, c'est-à-dire comme composée d'éléments
» matériels qui, retenus par leurs attractions réci-
» proques à de certaines distances, se repoussent
» naturellement vers cet état d'équilibre, lorsqu'on les
» en a écartés. » Biot, *Journal des Savants*, mars 1817.

à leur vaillante émule, ces conseils qu'ils lui prodiguent, ces encouragements qu'ils lui donnent, enfin cette solennelle justice qu'ils lui rendent, tout cela n'est-il pas touchant? Heureux temps, où l'amour de la vérité inspirait un pareil désintéressement! Noble spectacle, qui nous montre unis dans les mêmes hommes la grande intelligence et les sentiments impersonnels !

Certes, la découverte des équations qui expriment les vibrations des surfaces élastiques fut un événement important; important non-seulement au point de vue spécial des phénomènes sonores dont le caractère scientifique était ainsi établi dans son entière pureté, mais aussi, au point de vue du perfectionnement des notions relatives, soit aux corps inorganiques, soit aux êtres animés. La double importance qui s'attache à cette partie de la connaissance, le législateur des sciences la constate avec sa sûreté habituelle : « D'une » part, l'examen des vibrations sonores con-

» titue notre moyen le plus rationnel et le
» plus efficace, si ce n'est le seul, d'ex-
» plorer, jusqu'à un certain point, la cons-
» titution mécanique des corps naturels,
» dont l'influence doit surtout se manifester
» dans les modifications qu'éprouvent les
» mouvements vibratoires de leurs molécules.
» — D'une autre part, l'acoustique présente
» évidemment à la physiologie un point
» d'appui indispensable pour l'analyse exacte
» des deux fonctions élémentaires les plus
» importantes à l'établissement des rela-
» tions sociales : l'audition et la phona-
» tion.[1] »

Or, s'il est vrai que, malgré les expériences plus récentes de Savart, la théorie analytique du mouvement vibratoire selon les trois dimensions reste encore ignorée, les efforts de Sophie Germain n'en ont pas moins marqué un progrès qui mérite attention et reconnaissance.

[1] *Cours de philosophie positive*, tome II, page 410.

La nature de cette *Notice* ne me permet pas d'insister, quoique la question mérite un sérieux examen, sur les connexions de l'acoustique et des sciences hiérarchiquement supérieures. On trouvera dans les *Eléments de Physiologie* de l'éminent professeur Ch. Robin, outre un exposé complet de ce qui concerne la transmission du son au point de vue physiologique, le tableau des observations et des expériences faites à cet égard par Müller, Wollaston, Colladon, etc., et un historique des théories de la voix, depuis celle d'Aristote et de Galien, jusqu'à celle de Liscovius.[1]

Sophie Germain avait donc vaillamment conquis sa place parmi les savants. Mais elle n'était pas de ces âmes faibles qu'un premier succès annihile. Laborieuse plus que jamais, on la voit alors assister aux séances de l'Académie des sciences, poursuivre ses travaux, se tenir attentive à ceux des autres et, même,

---

[1] *Eléments de Physiologie*, t, II, pag. 537, 544, 589, 601, 603, par Ch. Robin, chez Baillière.

trouver le temps de s'employer pour ses amis. La voici, par exemple, aidant Fourier, l'illustre géomètre à qui le Cours de philisophie positive est dédié, à obtenir du suffrage de ses collègues le poste de secrétaire perpétuel de l'Académie des sciences : « Les personnes que vous
» aimez et que vous protégez ne doivent pas
» être malheureuses.—Un suffrage que je vous
» devrai a encore plus de prix à mes yeux. Enfin,
» les dieux en décideront. Mais ce qui est indé-
» pendant des dieux, ce sont mes sentiments
» de reconnaissance ». Ces passages d'une lettre que lui adresse le candidat, témoignent que Mlle Germain ne se croyait pas dispensée par le calcul intégral, de la bonté active dont le fabuliste va chercher l'exemple au Monomotapa.

En 1821, ayant revu et coordonné tous ses travaux mathématiques antérieurs, elle envoie

à l'Académie un mémoire intitulé : *Recherches sur la théorie des surfaces élastiques*, en lequel elle expose les fondements de son analyse. Fourier lui rend compte de la présentation de son travail : « M. Cuvier était chargé
» lundi dernier de la lecture de la correspon-
» dance. Je l'ai prié de présenter votre mé-
» moire et j'en ai indiqué l'objet. Après la
» lecture on a nommé MM. Laplace, Prony et
» Poisson, commissaires. J'insisterai autant
» qu'il sera nécessaire pour qu'il fasse le rap-
» port que vous désirez. Si M. Poisson a le
» dessein de faire quelque opposition au ré-
» sultat de vos recherches, il ne pourra s'em-
» pêcher de céder à l'autorité de l'expérience
» que personne ne sait mieux consulter que
» vous. Autant que j'ai pu prendre connais-
» sance de la discussion dont vous vous êtes
» occupée, il m'a paru que vous mettez dans
» tout son jour l'insuffisance de l'hypothèse
» théorique dont il a voulu déduire l'équation
» du 4e ordre que vous avez trouvée. » Ce mé-

moire fut publié, à l'instigation de Fourier et de Legendre, en 1824. Cependant elle étudiait, revoyait et corrigeait sans cesse. En 1826, elle met en librairie un nouveau mémoire : *Remarques sur la nature, les bornes et l'étendue de la question des surfaces élastiques.*[1] Les académiciens n'avaient pas encore fait leur rapport sur le premier mémoire : ici, elle le commente, l'amende, le développe, produit de nouvelles confirmations de la doctrine qu'elle a exposée, en multiplie les applications et donne cette équation des surfaces élastiques vibrantes :

$$N^2 \left[\frac{d^4\rho}{ds^4} + 2\frac{d^4\rho}{ds^2 ds'^2} + \frac{d^4\rho}{ds'^4} - \frac{4}{S}\left(\frac{d^2\rho}{ds^2} + \frac{d^2\rho}{ds'^2}\right) \right] + \frac{d^2\rho}{dt^2} = 0\dots(C)$$

qui, dit-elle, est générale, et appartient à la surface courbe-élastique-vibrante ; si bien que les différentes valeurs qu'on peut attribuer au rayon S de moyenne courbure la rendent applicable à toutes les courbures possibles. Je

---

[1] Paris, imprimerie de Huzard-Courcier. 1826.

ne résiste pas au plaisir de reproduire le préambule de ces *Remarques* ; outre qu'il précise et circonscrit nettement la question, il montre chez l'auteur cette connaissance de soi, dans le fort comme dans le faible, qui est la marque de la supériorité vraie :

« Lorsque, pour la première fois, je me suis
» occupée de rechercher, par rapport aux sur-
» faces, l'expression des forces d'élasticité, je
» travaillais, pour ainsi dire, sous la dictée de
» l'expérience. La question était nouvelle alors ;
» peut-être eut-il été difficile d'en poser les
» limites.

» Les seuls phénomènes connus apparte-
» naient au mouvement des plaques vibrantes ;
» et pourtant la manière dont j'avais envisagé
» la force élastique me permettait déjà d'es-
» pérer qu'une hypothèse semblable serait
» applicable aux surfaces courbes.

» Aucun des faits observés ne se rapportait
» au cas où l'épaisseur varierait d'un point à
» un autre de la surface ; toutefois, la théorie,

» qui s'était formée sans aucun égard à une
» telle variabilité, se trouva propre à en expli-
» quer les effets.

» La direction qui doit être attribuée au
» mouvement des différents points de la sur-
» face vibrante n'avait pas été suffisamment
» déterminée ; et l'on avait à cet égard plutôt
» des modèles que des doctrines. Dans le cas
» linéaire, les géomètres ont supposé que le
» mouvement s'exécute tout entier dans une
» direction perpendiculaire au plan de la lame
» en repos : j'admis la même chose par rap-
» port aux surfaces planes. Guidée ensuite
» par l'analogie seule, je crus pouvoir sup-
» poser que le mouvement des divers points
» d'une surface courbe s'exécute tout entier
» dans des directions perpendiculaires aux
» plans tangents à chacun des mêmes points,
» considérés sur la surface en repos. J'ai
» reconnu depuis que cette supposition, loin
» de consiituer une simplification particulière
» à certains cas du mouvement des surfaces,

» exprimait au contraire une condition essen-
» tielle à ce genre de mouvement.

» Il m'avait enfin toujours paru certain que
» des simplifications analogues à celles qui
» servent à établir l'équation des plaques
» vibrantes conduiraient à trouver pour les
» surfaces courbes, une équation du même
» ordre; j'avais même cherché à réaliser cette
» idée en prenant la surface cylindrique pour
» exemple; et il ne me restait aucun doute
» sur l'exactitude des formules que j'avais
» publiées : mais je reconnaissais cepen-
» dant *qu'une analyse embarrassée et fautive*
» ôtait à ces formules le caractère d'évidence
» qui leur est nécessaire. J'éprouvais encore
» quelque difficulté à faire mieux, lorsque la
» légitimité des simplifications, qui n'avaient
» encore en leur faveur qu'une analogie
» plus ou moins bien établie, s'est montrée
» à mes yeux comme une conséquence
» nécessaire de la nature même de la ques-
» tion. »

Ce préambule, si magistralement écrit, n'a-t-il pas la valeur d'un trait de caractère ? Elle travaillait.

S'exerçant sur les théorèmes que Fermat avait laissés sans démonstration, elle trouve elle-même des théorèmes numériques remarquables, si remarquables que Legendre les insèrera dans un supplément à la seconde édition de sa *Théorie des nombres*. Elle collabore en même temps à divers recueils périodiques. C'est d'abord, dans les *Annales de Physique et de Chimie*, un examen des principes qui peuvent conduire à la connaissance des lois de l'équilibre et du mouvement des solides élastiques ; [1] cet examen est une réponse évidente, quoiqu'il n'y soit pas nommé, à un mémoire de Poisson [2] en lequel se trouve cette supposition qu'il

---

[1] Tome xxxviii (1828), page 123-131. Voir surtout la note annexée à cet examen. Voir aussi le *Bulletin des sciences mathématiques et chimiques*, rédigé par Saigey.

[2] Avril 1817.

suffit de considérer les actions moléculaires comme des forces quelconques, décroissant rapidement avec la distance. Mlle Germain, elle, cherche à établir que les *hypothèses sur la constitution intime des corps sont inutiles et même nuisibles* dans la question des corps élastiques, et qu'il suffit pour résoudre les problèmes de ce genre, de partir de ce fai général que les corps élastiques ont une tendance à se rétablir dans la forme qu'une cause extérieure peut leur avoir fait perdre ; sur quoi Navier, à son tour, écrit : « On a
» généralement accordé quelque estime aux
» efforts qui ont eu pour résultat d'établir
» les principes et les formes analytiques au
» moyen desquelles une classe particulière de
» phénomènes était, pour la première fois,
» soumise à l'empire du calcul. Quant aux
» observations de M. Poisson, d'après les-
» quelles il ne serait pas permis de repré-
» senter les forces résultant des actions molé-
» culaires par des intégrales définies, nous

» ne partageons pas cette opinion.[1] » C'est ensuite, dans les *Annales* de Crelle, à Berlin, un *Mémoire sur la courbure des surfaces* [2]. C'est enfin, dans ces mêmes Annales, une note sur la manière dont se composent les valeurs y et z dans l'équation $\frac{4(x^p-1)}{x-1} = y^2 \pm p\, z^2$ et celles de Y' et Z' dans l'équation $\frac{4(x^{p^2}-1)}{x-1} = Y'^2 \pm Z'^2$.[3]

On sait que, réfugiée alors dans son cabinet comme pendant la première crise rénovatrice, elle composa ces deux derniers ouvrages au bruit du canon de Juillet 1830.

Tel est le résumé succinct des travaux mathématiques de Sophie Germain.

[1] *Bulletin Saigey*, Juillet 1828.
[2] *Journal VII*, 1831, pag. 1-29.
 Journal VII, 1831, pag. 201-204.

Nous voici maintenant devant l'œuvre qui assure à notre géomètre une place parmi les penseurs véritablement modernes, je veux dire ceux qui ont cessé de philosopher en dehors des connaissances réelles. Car, s'il est vrai, comme le pensait Navier [1], que ses écrits géométriques sont de ceux que « bien peu » d'hommes peuvent lire et qu'une seule femme » pouvait faire », il faut ajouter avec Aug. Comte que son discours posthume sur l'*Etat des sciences et des lettres aux différentes époques de leur culture*, indique en elle « une » philosophie très-élevée, à la fois sage et » énergique, dont bien peu d'esprits supé- » rieurs ont aujourd'hui un sentiment aussi » net et aussi profond. »[2] Le mot « aujour-

---

[1] *Lettre du 2 août 1821.*
[2] *Cours de Philosophie positive*, t. ii, p. 415 (note).

» d'hui » après un demi-siècle, n'est pas à retrancher.

A quelle époque Sophie Germain commença-t-elle à s'occuper de ce discours philosophique ? Quand l'écrivit-elle ? Est-il vrai, comme l'affirme un avis placé en tête de la première édition, qu'il fut rédigé d'un jet dans les instants où les vives douleurs auxquelles elle a succombé ne lui permettaient pas de se livrer aux sciences mathématiques? Est-il vrai surtout qu'il n'était pas destiné à l'impression? Malgré l'autorité qui s'attache à l'affirmation d'un homme uni à Mlle Germain « plus encore « par les liens de l'affection que par ceux « d'une proche parenté »,[1] il est sans témérité de supposer que, tout imparfait qu'il fu encore, quant à l'exécution, lorsque la m r arracha la plume des mains de l'écrivain, ouvrage d'une si haute portée avait été co longtemps auparavant, longuement médi

[1] LHERBETTE, 1re édition. 1833. *Avis de l'éditeur.*

souvent remanié et retouché. Les indices ne manquent pas. Voici d'abord le manuscrit, lequel porte des corrections qui laissent certaines phrases inachevées ou douteuses ; voici ensuite cette parole trouvée dans les *Pensées détachées* de l'auteur : « Si les hommes qui
» ont avancé les sciences par leurs travaux,
» si ceux à qui il a été donné d'éclairer le
» monde, veulent revenir sur le chemin qu'ils
» ont fait, ils verront que les idées les plus
» belles, les plus grandes, sont les idées de
» leur jeunesse mûries par le temps et l'expé-
» rience. Elles sont renfermées dans leurs
» premiers essais comme les fruits dans les
» boutons du printemps ». N'est-il pas probable que tout l'historique du discours posthume se trouve dans cette belle pensée, pensée dont notre savante, ce que l'on ignorait, partage l'honneur avec un poëte ? [1] Chose curieuse aussi, qu'il faut noter, les contempo-

---

[1] Alfred de Vigny.

rains de Mlle Germain, ses amis et ses parents eux-mêmes, ne l'auront connue et appréciée que comme géomètre ; Libri ne cite même pas son opuscule philosophique dans la notice nécrologique,[1] si estimable d'ailleurs, qu'il a donnée au *Journal des Débats* un an après la mort de son amie ; M. Lherbette l'ayant trouvé, cet opuscule, dans les papiers de sa tante, déclare qu'il le publie « pour remplir un » devoir pieux envers sa mémoire » et semble douter de l'accueil qui lui sera fait : la théorie du son et l'analyse indéterminée, tels étaient, pour l'un comme pour l'autre, les seuls titres de cette femme supérieure au souvenir de la postérité. Nous allons voir combien la postérité se montrerait injuste en restreignant ainsi son hommage.

Fontenelle racontant que le savant Bourdelin[2] avait, à seize ans, traduit tout Pindare

---

[1] 18 mai 1832, *Notice nécrologique*, par LIBRI, membre de l'Académie des sciences.

[2] Eloge de Bourdelin. Le médecin, l'un des fils du

et tout Lycophron et entendait sans secours le grand ouvrage de la Hire sur les sections coniques, s'écrie : « Il y a loin des poêtes grecs » aux sections coniques ! » De son côté Condorcet, constatant à quel point les poètes de son temps furent indignés d'être jugés par un géomètre, écrit : « La sécheresse des ma-
» thématiques leur semblait devoir éteindre
» l'imagination; et ils ignoraient sans doute
» qu'Archimède et Euler en ont mis autant
» dans leurs ouvrages, qu'Homère et l'Arioste
» en ont montré dans leurs poésies.[1] » Condorcet et Fontenelle étaient tous les deux très-versés dans les sciences et dans les lettres, et, par conséquent, ne méconnaissaient l'importance ni de celles-ci ni de celles-là ; d'où vient donc, entre eux, cette divergence d'opinion, l'un n'hésitant pas à identifier ces deux rameaux du génie humain, l'autre s'empressant de les

---

chimiste qui avait été lui-même de l'Académie des Sciences.

[1] Eloge de D'Alembert.

différencier ? La question est plus intéressante qu'il ne semble tout d abord.

Dans l'espace de temps qui sépare la maturité de ces deux grands esprits, le renouvellement intellectuel introduit par Descartes, et dont tous les deux procèdent, s'était singulièrement étendu ; il s'était étendu à ce point que si Fontenelle peut-être considéré comme un lien entre la philosophie cartésienne — laquelle se borne à prendre l'ordre céleste pour base de l'ordre terrestre — et les découvertes qui ont constitué la chimie et la biologie, Condorcet, lui, doit être regardé comme le précurseur de la philosophie en laquelle ces deux dernières sciences, préambule indispensable de la sociologie, prennent place pour compléter le vaste ensemble de la connaissance réelle. L'école cartésienne avait dit : *Des lois gouvernent le monde inorganique*, et, sur ce point primordial, elle avait écarté les explications fictives, les laissant subsister quant aux phénomènes de la vie et des sociétés ; l'école nouvelle, mieux informée, ajoute : *Des lois aussi régissent le monde animé*, et, poursuivant les hypothèses non vérifiables jusqu'en leur dernier refuge, elle les élimine à son tour des questions que le créateur de la *Méthode* n'avait pas osé aborder. Il est facile de marquer les progrès de ce mouvement extensif du savoir par le nom des hommes qui les ont assurés. Tous ces hommes, qu'ils confirment les résultats anciens ou révèlent des vérités inconnues, appartiennent ou peuvent être considérés comme appartenant au XVIII° siècle. Clairaut, Euler, D'Alembert, Bernouilli, Lagrange, Laplace, illustrent la dernière période des découvertes célestes : voilà la mécanique des mondes définitivement établie ; Cavendish, Priesley, Lavoisier, Berthollet, déterminent la composition du milieu planétaire : l'écorce de la terre, l'air et l'eau qui l'entourent, deviennent l'objet d'une prévision particulière et indépendante ; B. de Jussieu et Linné. Buffon, Vicq-d'Azyr et

Haller, Cabanis, Bichat et Gall, Gœthe, Geoffroy-Saint-Hilaire et Cuvier, s'attachent aux hiérarchies végétales, aux classifications des êtres, aux rapports du physique et du moral, aux comparaisons des organes et des formes, et, ne se bornant même plus à de simples observations, s'élèvent à des conceptions inductives : voilà la vie interrogée dans toutes ses manifestations, manifestations qui constituent une science unique, la biologie, à laquelle désormais il faudra demander le secret des phénomènes cérébraux chez l'homme et chez l'animal. Tout cela, sans doute, sera développé, précisé, coordonné au siècle suivant; mais, déjà, quel changement dans les idées, dans les opinions, dans les perspectives! Or, Fontenelle, malgré son admirable instinct de l'évolution scientifique qui commençait à s'accomplir de son temps, ne pouvait apercevoir comme l'aperçut Condorcet, plus tard venu, la secrète connexité des impulsions intellectuelles.

J'ignore si Sophie Germain, frappée de l'aperçu si neuf de Condorcet, l'avait gardé en sa mémoire comme on conserve un germe précieux pour s'en servir au temps convenable ; ce que je sais, c'est que son œuvre philosophique a précisément pour objet de faire tomber, sous le poids d'une démonstration contraire, les barrières fictives qu'on s'était plu jusque-là à supposer entre l'imagination et la raison. Montrer la raison dans l'esthétique et l'imagination dans la science, me trompé-je en attribuant à Sophie Germain le mérite d'avoir compris qu'un tel sujet ne pouvait pas être utilement abordé avant que les opérations cérébrales eussent fait retour à la méthode expérimentale ? Non, puisque nous la voyons, quoique préoccupée du problème, se taire pendant longtemps et, assistant, pour ainsi parler, à l'éclosion de la biologie, se tenir au courant de tout ce qui se découvre et s'écrit à cet égard ; non, puisque, quand elle prend la plume, elle débute par ces fermes paroles :

« L'esprit humain obéit à des lois ; elles sont
« celles de sa propre existence. »

Mais, avant d'examiner la démonstration de l'auteur, exposons le fond même de la question.

En premier lieu, s'il est vrai que la science résulte de la systématisation des faits observés, il est vrai aussi que toute systématisation scientifique s'applique, non aux faits entourés de leur complication concrète, mais à des formes simplifiées que l'on obtient au moyen de l'abstraction. L'abstraction, qu'est cela ? C'est un procédé — un artifice si l'on veut — par lequel on se borne à présenter des approximations suffisantes pour suppléer à la réalité absolue qu'on ne saurait autrement embrasser dans tout son ensemble, Or, concevoir par abstraction des objets plus simples que les objets réels, coordonner ensuite ces objets au moyen d'une conception dont le but est d'en faire plus facilement saisir l'ensemble, tel est le double rôle de l'imagination dans la science. Le système atomique, celui de Leibnitz en mathématique, celui de Laplace en astronomie, celui de Jussieu et de Blainville en biologie, offrent des exemples : ce sont des conceptions ingénieuses répondant actuellement aux besoins de la science, plus simplement et mieux que toutes autres[1] ; ce dont il faut se garder, tout en leur accordant une légitime préférence, c'est de leur donner une réalité objective. L'erreur des théologiens et, à la suite, des métaphysiciens, c'est *d'objectiver* leurs conceptions.

En second lieu, s'il est manifeste que l'art consiste en une représentation idéale qui implique l'exagération des images, lesquelles, selon la judicieuse remarque d'Aug. Comte, « doivent dépasser la réalité, afin de nous pousser à l'améliorer »,[2] il est manifeste

---

[1] Voir : Méhay, *La Théorie atomique et le rôle de l'imagination dans la science* (*Moniteur scientifique*, novembre 1877).

[2] Aug. Comte : *Discours sur l'ensemble du positivisme.*

aussi que le génie créateur, sous peine d'aberration, est soumis à la nécessité de subordonner à l'ordre naturel son idéalisation. L'idéalisation, qu'est-ce donc ? De même que l'abstraction, c'est un procédé en vertu duquel, les traits principaux prenant l'importance, la représentation devient plus fidèle en ce sens qu'elle se trouve débarrassée alors du mélange empirique qui l'altérait. Or, régulariser les utopies en les assujettissant à l'ordre réel, puis rendre intelligible la communication du type intérieur imaginé, simplifié, modifié, tel est le double rôle de la raison dans l'esthétique. Tous les chefs-d'œuvres dont le temps n'a pas amorti l'éclat en témoignent : ce sont des combinaisons idéales que la raison ramène à une indispensable et suffisante réalité. Le défaut des œuvres sans durée, quelle qu'en soit d'ailleurs la vogue passagère, c'est de faire prévaloir les inspirations subjectives sur les notions objectives, ou celles-ci sur celles-là.

M. le docteur Segond, en son *Programme*

de Morphologie, a très-bien montré, d'une part, comment les études les mieux soutenues ne peuvent dispenser l'artiste, au moment de l'exécution, de la présence d'un modèle qui doit toujours, à un certain degré, « mettre des » entraves à l'idéalisation » ; d'une autre part, à quel point le savant exercé à l'analyse dans l'étude de la nature a besoin du coup d'œil synthétique, sans lequel il verrait « ses facultés » théoriques échouer, dans toute grande coor- » dination.[1] »

L'analogie des opérations cérébrales qui président à la connaissance du vrai et à la production du beau est-elle constatée, on comprend sans peine, d'abord, comment nous formons les hypothèses dont nous sentons l'utilité pour relier nos observations, ensuite comment, ne sachant pas ou oubliant que ces mêmes hypothèses sont sorties tout

---

[1] *Programme de Morphologie*, par A. Segond, professeur agrégé à la Faculté de médecine de Paris.

entières de notre cerveau, nous nous les représentons comme ayant une existence objective : les dieux, les entités, les religions sont dans ce cas, et leur raison d'être historique est d'avoir été fonctions du temps. A ce point de vue où toute les conceptions humaines émanent du même fond, c'est-à-dire du cerveau faisant des approximations et des idéalisations de plus en plus proches de la réalité selon qu'il est mieux renseigné sur les faits observables, la marche de l'humanité à travers les âges apparait comme une suite de phases logiquement enchaînées : les fictions mènent à la vérité, le passé prépare l'avenir. Qui ne reconnait ici la philosophie positive ?

Est-ce à dire que Sophie Germain ait eu, dans cette façon d'envisager le développement intellectuel de l'humanité, la puissance et la justesse du fondateur de la sociologie ? Point : elle ne distingue pas entre les procédés logiques celui qui est propre à chaque catégorie de la connaissance ; elle n'indique pas, tout en constatant la similitude organique du génie esthétique et du génie scientifique, la destination différente de l'art et de la science, et son œuvre n'est pas exempte de toute métaphysique. Toutefois, si elle se rattache aux anciennes écoles par une tendance à réunir sous une même loi l'ordre physique et l'ordre moral, il y a cependant chez elle plus de conformité générale avec les doctrines d'Aug. Comte qu'avec celles des philosophes en quête de l'absolu. J'en prends pour preuve la manière dont la question est posée par elle :

« S'il nous était donné de pénétrer la
» nature des choses ; si les observations, les
» réflexions, les théories qui composent notre
» richesse intellectuelle n'étaient pas de
» l'homme, nous choisirions avec certitude
» entre ces deux propositions : ou le type que
» nous trouvons en nous-mêmes et dans les
» objets extérieurs nous révèle les conditions
» de l'être ; ou ce type, appartenant en propre
» à nous seuls, atteste seulement la manière

» dont nous pouvons comprendre les possibles.
» — Cette haute connaissance nous est à
» jamais interdite. Mais, en nous bornant à
» chercher *comment* un sentiment profond
» d'ordre et de proportions devient pour nous
» le caractère du vrai en toutes choses, nous
» pourrons parvenir à voir que, dans les di-
» vers genres, nos études, tournées vers un
» même but, emploient des procédés qui sont
» toujours les mêmes [1] ». J'ai souligné le
mot « comment » : chercher le *comment* et
non plus le *pourquoi*, voilà, en effet, ce qui
marque le progrès philosophique ébauché par
l'école de Diderot.

Quant à la démonstration, malgré quelques

---

[1] Comte écrit : « Dans toute opération humaine,
» l'exécution suppose l'imagination, comme celle-ci
» la contemplation. L'homme ne peut jamais cons-
» truire hors de lui que ce qu'il a d'abord conçu en
» lui. Ce type intérieur, indispensable même aux
» moindres travaux mécaniques ou géométriques, est
» toujours supérieur à la réalité qu'il précède et pré-
» pare ». — *Discours sur l'ensemble du positivisme*,
page 279.

réminiscences métaphysiques qui font tache,[1] elle est péremptoire. En quoi consiste-t-elle ? Au sens particulier, à suivre chez le poète et le savant l'élaboration cérébrale et la réalisation d'une idée-mère ; au sens général, à parcourir l'histoire de l'esprit humain pour nous mettre sous les yeux comment en toutes choses, « jusque dans ses écarts, et en vertu des lois » de son être, tous ses efforts ont été dirigés » vers l'ordre, la simplicité et l'unité de con- » ception. » La grâce du style, la profondeur de la pensée, l'élégance que revêtent les déductions les plus sévères, la précision en quelque sorte mathématique de l'argumentation, une compétence étendue dans les choses de science, un sentiment parfait dans les choses de goût, je ne sais quel espoir d'une renaissance où l'imagination soit maîtrisée

---

[1] C'est ainsi, par exemple, qu'on la surprend parfois s'inquiétant de l'essence, de l'indépendance, de l'universalité, de la nécessité des choses, alors que l'idée même qu'elle affirme et la méthode qu'elle emploie aident à les éliminer.

par la vérité comme elle le fut par l'erreur, espoir qui, perçant partout, partout corrige l'exactitude de l'esprit par l'abondance du cœur, elle emploie tout cela pour émouvoir et pour convaincre. Elle convainc et elle émeut.

Ce qui fait, même aujourd'hui, cette œuvre de Sophie Germain si vivante, c'est quelque chose de plus encore que l'intuition d'un accord nouveau entre nos pensées et nos sentiments; en même temps qu'elle indique au savant, au poète, à l'artiste quels rapports les unissent, rapports artificiels aux temps où des hypothèses plus ou moins heureuses formaient toute leur richesse intellectuelle, on sent qu'elle a conscience de travailler à établir les rapports véritables qui feront, comme elle le dit elle-même, ressortir dans tout son jour, l'identité entre le module de chaque science, de chaque art, et les diverses parties de cette science ou de cet art. Et, certes, ce n'est pas là une chimère. Toujours la poésie digne de ce nom, j'entends celle qui n'est pas limitée à *l'expression*, a reposé sur quelque philosophie ; toujours les artistes des belles époques ont été les interprètes émus d'une doctrine fondamentale commune au plus grand nombre : c'est dans leur œuvre que l'humanité, sous les multiples aspects de son existence antérieure, se survit véritablement. Cela est si vrai que, même aux mauvais jours où l'orgueil esthétique imprime le sceau du génie aux caprices individuels, les prétendus inspirés qui se croient le plus indépendants nous donnent le spectacle d'une incohérence maladive, quand ils n'empruntent pas leurs inspirations à des systèmes arriérés ; je ne parle pas de ceux qui, étrangers à l'imagination comme à la raison, se bornent à l'imitation, le nom d'artistes ne leur appartenant pas. Il y a plus. Examine-t-on les aptitudes et les travaux des hommes qui ont laissé des traces ineffaçables dans le monde intellectuel ? On reconnait sans peine que, poussés par les circonstances ou les impulsions du milieu vers le genre spécial qu'ils ont cultivé, ils eussent également réussi dans la science ou dans l'art : Léonard de Vinci et Gœthe, dans une large mesure, ne sont-ils pas des savants ? Buffon et Diderot, à des titres divers, ne sont-ils pas des artistes ? Concluons donc avec Sophie Germain que si la faculté créatrice a disparu de l'esthétique avec le crédit des fictions, cette faculté peut et doit renaître avec le crédit des vérités incontestables. Que cette renaissance soit possible, tout l'annonce. Mais ne fallait-il pas d'abord écarter les vaines théories qui supposent l'incompatibilité de l'imagination et de la raison, montrer l'inanité actuelle des notions qu'on abandonne, justifier celles qu'on y substitue ? C'est à quoi la plume de l'auteur des *Considérations* s'est employée, rendant un éminent service, non-seulement pour l'étude de la question elle-même, mais encore pour l'importance des résultats sociaux qu'elle comporte. De quel avantage ne serait-il pas pour le politique, réduit encore à la contingence des données empiriques, de pouvoir en appeler à la certitude des lois naturelles ? J'imagine qu'il ferait mieux nos affaires. Surtout s'il se pénétrait en même temps de cette vérité d'ordre pratique exprimée dans l'éloge du czar-académicien,[1] à savoir qu'il faut de la vigueur pour lier une nation à des nouveautés utiles.

Les *Pensées* détachées de Sophie Germain, assurément, n'ont pas été écrites pour le public, ce sont de simples notes jetées sur le papier au cours de ses études et de ses travaux; cependant il suffit de les parcourir pour s'apercevoir qu'elles lui furent, pour la plu-

---

Pierre I*er*.

part, inspirées par une lecture approfondie de Tycho-Brahé, de Newton et de Laplace. Aucune ne porte de date, elles se présentent sans lien apparent, point de plan, nul ordre, ici ce n'est qu'un trait, là ce sont les développements d'un point spécial à peine indiqué, voilà le coup d'œil du moraliste, voici le coup d'aile du poète, et qui lirait ce mélange un peu confus sans connaître l'œuvre philosophique de la mathématicienne pourrait fort bien n'y voir que les caprices, brillants mais sans lendemain, d'un esprit curieux et actif. A-t-on lu les *Considérations ?* Tout s'explique et tout s'enchaîne. On surprend en quelque sorte le cerveau de la géomètre en flagrant délit de préoccupations synthétiques ; ce recueil intime prend alors un intérêt singulier, car, à n'en pas douter, il contient les germes, et quelquefois les fleurs, d'une conception qui fructifiera, et, non sans charme, on songe bientôt, pour le lui appliquer, à ce mot de Diderot : « Les pensées

» détachées sont autant de clous d'airain, qui
» s'enfoncent dans l'âme et qu'on n'en arra-
» che pas. »

Il faut distinguer toutefois. Quelques-unes de ces *Pensées*, quoique vraies, sont d'une vérité particulière, contemporaine, passagère. Celle-ci, par exemple :

« C'est là (dans les académies), que l'esprit
» humain réside : il y est vivant dans un nom-
» bre d'hommes réunis, il y rend des oracles
» par leur organe ; et sous cette forme hu-
» maine, animé des passions de l'utilité et de
» la gloire, il est unique comme l'individu et
» durable comme l'espèce. »

Juste naguère, cette opinion de Sophie Germain ne saurait plus être admise.

Sans doute la fondation des académies répondit à un besoin, celui d'empêcher la dispersion des connaissances acquises, dispersion devenue imminente ; sans doute elle rendit un service, celui de montrer la nécessité de coordonner les différentes branches du savoir; sans doute elle eut un utile et immédiat effet, celui de répandre la foi scientifique. Mais le but, c'est-à-dire la coordination, ne fut pas atteint ; j'ajoute qu'il ne pouvait pas l'être, et cela pour plusieurs raisons. D'abord la nature même de l'organisation primitive laissait au pouvoir politique, alors arbitraire et absolu, un office qu'il était incapable de remplir; ensuite, les éléments mêmes de ces réunions ne pouvaient s'agréger : il ne suffit pas d'assembler des hommes et de les faire voter, pour que l'esprit humain s'élève de l'observation des faits à la synthèse de leurs relations. Tant que la doctrine cartésienne des tourbillons subsista, l'ensemble qu'elle représentait permit une certaine généralité et un certain concours dans le travail scientifique; mais la découverte de Newton rompit l'accord entre les académiciens, l'esprit de détail prévalut, le savoir se fractionna et, de plus en plus, ses diverses parties devinrent comme étrangères les unes aux autres. Géomètres et médecins se trouvaient déjà à l'état d'hostilité, quand la formation de la biologie vint mettre les choses au pire : les médecins, supérieurs en cela, comprenant que la cosmologie devait servir d'assise à la nouvelle coordination, les géomètres, au contraire, persistant à se croire dispensés des études biologiques ; si bien que, dès 1776, il y eut une Société royale de médecine en réaction contre l'Académie des sciences. La Convention supprima le tout et, s'il convient de protester contre la persécution momentanée des savants par les rhéteurs — ce qui fut un incident, non un système, au sein de l'immortelle assemblée — il faut reconnaître qu'elle avait un juste sentiment des besoins intellectuels, en détruisant les Académies fragmentaires pour fonder l'Ecole polytechnique, besoins qui consistaient à embrasser dans une même étude les phénomènes cosmologiques et biologiques. Bonaparte, rétrograde en ceci comme en tout, détourna la nouvelle institution de son fonctionnement naturel, sabra la science comme il sabrait les hommes et, depuis lui, qu'on me passe la vulgarité de l'image, c'est comme un ver coupé dont les tronçons s'agitent sous la coupole de l'Institut. Et, de fait, toute conception d'ensemble étant écartée des délibérations de nos académiciens, les académies, utiles autrefois comme moyen de préparation, sont aujourd'hui nuisibles en ce sens que, reflet de notre désaccord intellectuel, elles en prolongent les tristes effets sociaux. Et puis, les passions dont elles sont animées sont-elles toujours celles « de l'utilité et de la gloire? » Qui écrirait l'histoire de leurs exclus, à commencer par Bernardin de Saint-Pierre, de leurs oubliés, à ne parler que de Bichat, de leurs méconnus, pour ne citer qu'Aug. Comte, écrirait l'histoire de bien des hommes supérieurs. Et puis encore, l'esprit académique s'est-il élargi en proportion du renouvellement de l'esprit humain ? Nul n'oserait l'affirmer et, à parler franc, l'Eglise et l'Université, les Communautés pédagogiques et les Compagnies académiques, ces irréconciliables qui, au fond, brassent la même besogne caduque, n'ont guère à s'envier en fait de préjugés et d'intolérance.

Aug. Comte a traité cette question avec l'ampleur et l'autorité du génie ; me bornant à l'effleurer, je renvoie le lecteur au chapitre plein de fermeté et de puissance qu'il y a consacré.[1] Mais je ne quitterai pas le sujet sans faire remarquer que l'ouvrage philosophique de Sophie Germain est, en lui-même, une protestation contre l'indépendance des faits d'ordre psychique et d'ordre biologique dont, plus que tout autre, l'Académie des sciences morales et politiques est la consécration. La pensée, sous quelque forme qu'elle se manifeste, religion, art, littérature, science, histoire, morale, est inséparable de l'organisme qui la recèle et, par conséquent, se

---

[1] *Cours de philosophie positive*, t. VI, p. 301 et suiv.

trouve soumise comme lui aux lois de l'évolution ; j'entends, non une évolution indéfinie, mais les conditions appréciables dans lesquelles un état antérieur passe à un état nouveau, en conservant ses caractères fondamentaux. Il y a là toute une série de rapports, tout un ensemble adéquat qu'il n'est plus permis de scinder si l'on veut, je ne dirai pas résoudre les questions, mais seulement les bien poser. Osons donc l'avouer, si la plupart de nos savants officiels sont individuellement des hommes de valeur et de conscience, leur conscience et leur valeur viennent perdre leur essor dans une institution fragmentaire qui appelle une sérieuse réforme.

Que si, entre quelques autres *Pensées* non recevables, j'ai choisi celle qui concerne la portée et l'efficacité de la direction scientifique pour en montrer l'inexactitude actuelle, c'est qu'il importe de tenir l'instinct populaire en garde contre une erreur qu'il partage et qui fait opposition, sinon échec, à nos forces intellectuelles : savoir, la propension à croire que les académies sont les dépositaires de la connaissance générale. Il n'en est rien. Et tout ce qui se fait en dehors d'elles, malgré elles, contre elles, prouve surabondamment qu'il serait expédient d'adapter aux mœurs et aux opinions modernes, faites ce qu'elles sont par l'extension du savoir, autre chose que les survivances des âges où le savoir était restreint.

Sans aucun doute, une plume aussi active que celle de Sophie Germain aurait produit encore ; et que de vérités peut-être un esprit de cette puissance, nourri de tant d'études, servi par tant de talent, eut, dans sa maturité, amenées à la pleine lumière ! Une mort prématurée en décida autrement. Dès 1829,

Sophie Germain avait ressenti les atteintes du mal terrible — un cancer — qui devait la conduire au tombeau. Elle se savait perdue. Cependant pendant sa maladie, qui fut longue et cruelle, elle ne retira son attention ni des gens ni des choses, et son esprit, accoutumé à la supériorité, demeura supérieur même dans la souffrance, même devant la certitude de l'inévitable et prochaine destruction. Dans l'intervalle des crises, recueillant ses forces, elle reprenait ses habitudes de travail, rouvrait son salon, causait avec sérénité. Enfin, elle mourut le 27 juin 1831, âgée de 55 ans.[1]

En cette relation d'une vie dignement employée il est regrettable que les détails biogra-

---

[1] Tous les dictionnaires biographiques, copiant Libri, indiquent le 17 Juin comme la date du décès de Sophie Germain. C'est une erreur. Sophie Germain est morte, à une heure du matin, rue de Savoie, n° 13 ; la maison, qui existe encore, a conservé son caractère primitif. L'acte de décès, signé de MM. Amand-Jacques Lherbette, neveu de la défunte, Marc Pierre Gaigne, ami, et Démonts, adjoint au maire du onzième arrondissement, la qualifie de *rentière*.

phiques soient aussi rares ; mais si, travailleuse discrète, Sophie Germain n'a pas fatigué son temps du souci bruyant de sa personnalité, cela même n'est-il pas un titre de plus à notre estime ? Toutefois, lorsque le temps, lui aussi, a fait son œuvre et choisi les noms qui ne doivent pas périr, une légitime curiosité s'attache à la mémoire de ses élus ; c'est alors qu'on regrette que la modestie soit l'un des attributs de la vraie grandeur. Heureusement, il nous reste un portrait moral de Sophie Germain ; je l'emprunte à Libri qui avait eu la fortune d'être reçu dans son intimité :

« Sa conversation avait un cachet tout par-
» ticulier. Les caractères frappants en étaient
» un tact sûr pour saisir à l'instant l'idée-
» mère, et arriver à la conséquence finale, en
» franchissant les intermédiaires ; une plai-
» santerie, dont la forme gracieuse et légère
» voilait toujours une pensée juste et profonde;
» une habitude, qui lui venait de la variété de
» ses études, de rapprochements constants

» entre l'ordre physique et l'ordre moral,
» qu'elle regardait comme assujettis aux
» mêmes lois. Si l'on y joint un sentiment con-
» tinuel de bienveillance, qui la faisait s'ou-
» blier toujours pour ne songer qu'aux autres,
» on sentira quel en devait-être le charme.

» Cet oubli d'elle-même, elle le portait dans
» tout. Elle le portait dans la science, qu'elle
» cultivait avec une entière abnégation per-
» sonnelle, sans songer aux avantages que
» procurent les succès; s'applaudissant même
» de voir quelquefois ses idées fécondées par
» d'autres personnes, qui s'en emparaient;
» répétant souvent que peu importe de qui
» vient une idée, mais seulement jusqu'où
» elle peut aller; et heureuse, dès que les
» siennes donnaient leurs fruits pour la science,
» n'en retirât-elle aucun pour la réputation,
» qu'elle dédaignait, et nommait plaisamment
» la gloire des bourgeois, la petite place que
» nous occupons dans le cerveau d'autrui.

» Elle le portait aussi, ce caractère noble,

» dans ses actions, toujours marquées au
» coin de la vertu, qu'elle aimait, disait-elle,
» comme une vérité géométrique. Car elle ne
» concevait pas qu'on pût aimer les idées
» d'ordre dans un genre sans les aimer dans
» un autre ; et les idées de justice, de vertu,
» étaient, suivant ses expressions, des idées
» d'ordre, que l'esprit devrait adopter, même
» quand le cœur ne les ferait pas chérir.[1] »

Est-ce assez péremptoire ? Une femme même peut-être philosophe à ce point d'écrire « que l'Ecriture sainte ne prévient point la » postérité à l'égard des sciences,[2] » et donner en même temps l'exemple du désintéressement et de la vertu. La vie de Sophie Germain apporte une clarté précieuse sur ce point délicat, et ce n'est point le moindre service qu'elle nous ait rendu.

Sophie Germain est inhumée au cimetière du Père-Lachaise.

[1] *Journal des Débats*, 18 mai 1832.
[2] *Pensées.*

Désireux de saluer sa cendre, j'ai fait là, dernièrement, un pieux pèlerinage. Une tristesse m'y attendait. Au carrefour où s'élève le fastueux monument de Casimir Périer, s'ouvre une voie pavée qui se nomme le chemin de La Bédoyère ; en y entrant, à gauche, on rencontre le mausolée d'Elisa Mercœur et, à quelques mètres en arrière, celui d'Auguste Comte : à cinquante pas de là, sur la droite et en seconde ligne, on aperçoit l'arbre qui couvre la tombe de Sophie Germain. Primitivement, c'était un jardinet un peu sévère, mais de toute convenance : un plant de buis, une pierre tumulaire, une grille de fer pour entourage, rien de plus. Aujourd'hui, c'est une ruine abandonnée : la grille est rouillée, brisée, déplacée ; le terrain, par endroit, se trouve défoncé ; le buis, qui depuis de longues années n'a pas été taillé, forme un arbuste broussailleux dont le hasard dispose; la pierre, renversée, s'appuie sur son ancien soubassement et, en écartant les ronces qui la cachent en partie, on peut y lire cette modeste inscription :

ICI REPOSE

DEMOISELLE

MARIE-SOPHIE GERMAIN

NÉE A PARIS

LE 1er AVRIL 1776

DÉCÉDÉE EN LA DITE VILLE

LE 27 JUIN 1831

Cependant une graine, apportée sans doute par le vent, a produit un magnifique marronnier qui, enfonçant ses racines dans la tombe même, étend au loin son ombre ; un lierre grimpe à son tronc, gagne les premières branches et, çà et là, laisse retomber mélancoliquement de longues tiges. La nature, non sans grâce, a remédié à l'oubli des hommes.

Tous les parents, tous les amis de Sophie Germain sont-ils entrés dans l'éternelle absence ? C'est possible. L'impossible, c'est que ceux — et des signes touchants montrent qu'ils sont nombreux — dont la vénération s'attache aux tombeaux de la jeune muse et du grand philosophe, ses voisins de sépulture et de gloire, ne tiennent pas à honneur de relever une pierre sur laquelle le temps effacerait bientôt un nom qui peut leur être cher à tant de titres. La poésie et la science ne doivent-elles pas même un tribut à celle qui a médité leur alliance ?

Je signalais plus haut l'une des *Pensées* de Sophie Germain comme étant de vérité éphémère; j'en indiquerai une autre en terminant qui est de vérité immuable. « La vraie opinion
» d'un siècle est dans la tête des grands hom-
» mes qu'il a produits. » L'opinion du XIXe siècle, quelle est-elle, si l'on en juge à cette vue? C'est que, divisés par les hypothèses mysté-

rieuses qui rapprochaient autrefois nos ancêtres, et rapprochés au contraire par les réalités scientifiques qui les divisaient, nous sommes à une de ces époques décisives où la nécessité d'un nouvel accord s'impose. Ecoutez et lisez. Elle éclate, cette opinion, sous la plume ou sur les lèvres de tous nos penseurs éminents, et, certes, le nom de Sophie Germain restera comme un des témoignages les plus précieux de la vérité par elle-même exprimée. Mais, pour que cette opinion du siècle se traduise en fait, que faut-il? Il faut, selon le mot du poëte, *videre longiùs assueto*, voir plus loin qu'à l'ordinaire et, pour cela, s'étant élevé à ces sommets philosophiques du haut desquels Aristote, Descartes, Aug. Comte ont annoncé aux hommes les progrès de l'esprit humain, saluer comme le but du savoir, la réconciliation de l'esprit et du cœur, de l'imagination et de la raison, but suprême qu'estompe encore un crépuscule lointain.

H[te] STUPUY.

CONSIDÉRATIONS GÉNÉRALES

SUR

L'ÉTAT DES SCIÉNCES

ET DES LETTRES

AUX DIFFÉRENTES ÉPOQUES DE LEUR CULTURE

CONSIDÉRATIONS GÉNÉRALES
SUR
L'ÉTAT DES SCIENCES
ET DES LETTRES

CHAPITRE I

COMMENT LES SCIENCES ET LES LETTRES SONT DOMINÉES PAR UN SENTIMENT QUI LEUR EST COMMUN.

Lorsqu'on envisage sous un point de vue général les divers travaux de l'esprit humain, on est frappé de leur similitude. Partout de certaines lois ont été observées, ou, si elles ne l'ont pas été, leur défaut s'est fait sentir. Et alors, soit que l'ouvrage renferme un corps de doctrine, soit qu'il ait été destiné au simple amusement du lecteur, l'auteur n'a pas rempli les conditions de la durée. A la première curiosité, bientôt épuisée, succédera un entier oubli.

Les lois dont nous parlons ont régi la pensée de l'homme longtemps avant qu'il ait eu le loisir de réfléchir. Le spectacle de l'univers en était empreint ; la mémoire les a reproduites ; l'imagination, jusque dans ses caprices, leur est demeurée assujettie, plus tard elles ont servi de guide à la raison.

S'il nous était donné de pénétrer la nature des choses ; si les observations, les réflexions, les théories qui composent notre richesse intellectuelle, n'étaient pas de l'homme, nous choisirions avec certitude entre ces deux propositions : ou le type que nous trouvons en nous-mêmes et dans les objets extérieurs nous révèle les conditions de l'être ; ou ce type, nous appartenant en propre, atteste la manière dont nous pouvons comprendre les possibles.

Cette haute connaissance nous est à jamais interdite. Mais en nous bornant à chercher comment un sentiment profond d'ordre et de proportions devient pour nous le caractère du vrai en toutes choses, nous pourrons parvenir à reconnaître que, dans les divers genres d'études, nos recherches dirigées vers un même but emploient des procédés qui sont aussi les mêmes.

Et, en effet, s'agit-il du plan d'un ouvrage, de l'argument d'un poème? L'esprit exige de la clarté ; il veut que les diverses parties soient liées entre elles, avec assez d'art pour que leur rapport s'aperçoive d'un coup d'œil : il demande un ordre facile à saisir; il se complait dans la simplicité, source de l'élégance en tout genre. L'emploi du merveilleux est soumis aux mêmes règles. L'imagination peut adopter d'ingénieuses fictions ; mais alors un certain module intellectuel remplace ce qui manque à la réalité des objets. Les oracles du goût et les arrêts de la raison se ressemblent; l'ordre, la proportion et la simplicité ne cessent pas d'être des necessités intellectuelles. Les sujets sont différents, mais le jugement est constamment appuyé sur ce type universel qui appartient également et au beau et au vrai.

Voulons-nous connaître les êtres naturels ? Nous les classons suivant nos convenances ; et la notion méthodique des genres et des espaces imprime à l'histoire naturelle le cachet de l'esprit de l'homme.

A l'égard des sciences exactes, le sentiment d'ordre et de proportion, qui partout ailleurs guide ou le goût ou la raison, fait place à la connaissance certaine d'un ordre déterminé, de proportions connues et mesurables. On dirait que, munie d'un instrument nouveau, l'intelligence humaine a renoncé à sa marche accoutumée. La ressemblance à son modèle intérieur n'est plus pour elle le caractère du vrai : elle l'atteint de plus près ; l'objet de ses études remplit au plus haut degré les conditions qu'elle cherche partout ailleurs ; et son attention fixée sur cette heureuse réalisation, y est absorbée tout entière.

Sans doute, l'impression produite par la lecture d'un ouvrage d'imagination ne ressemble pas à celle qui résulte de l'étude d'un traité de géométrie. Sans doute aussi, certains esprits admirateurs des riantes images, s'abandonnant uniquement à ce goût, deviendront tout à fait incapables d'application ; tandis que d'autres esprits exclusivement livrés à la contemplation de la vérité démontrée, demeureront distraits ou incertains lorsqu'ils ne rencontreront pas un évidence complète. Ne nous pressons pourtant point de conclure qu'il n'existe aucun lien commun entre des œuvres qui semblent d'abord si différentes. Assistons à leur création, et nous reconnaîtrons bientôt que l'esprit humain est guidé dans toutes ses conceptions par la prévision de certains résultats, vers lesquels se dirigent tous ses efforts.

En observant la manière dont il procède, nous verrons qu'il agit toujours suivant une méthode constante ; et, après avoir suivi les différentes époques de la composition, il deviendra évident que la littérature la plus élevée, et les découvertes dont s'enrichit la science ont été inspirées par un sentiment d'ordre et de proportions, qui est le régulateur de tout mouvement intellectuel.

Ne nous en étonnons pas : l'esprit humain obéit à des lois ; elles sont celles de sa propre existence : elles lui fournissent une mesure commune entre toutes les existences qu'il conçoit en dehors de la sienne ; elles deviennent nécessairement le mobile de tous ses travaux, la source de tous ses plaisirs.

Et, en effet, un trait de génie, un trait d'éloquence, dans les sciences, dans les beaux arts, dans la littérature, nous plait par une seule et même raison : il dévoile à nos yeux une foule de rapports que nous n'avions pas encore aperçus. Nous nous trouvons tout d'un coup transportés dans une région élevée, d'où nous découvrons un ordre inattendu d'idées ou de sentiments ; le plaisir de la surprise émeut notre âme ; elle rend un hommage involontaire à son bienfaiteur ; et cet hommage même est encore pour elle un plaisir nouveau.

Voyons d'abord quel est le caractère des premiers essais.

Le sujet est choisi ; les idées se présentent en foule à l'imagination du poète ; il reste quelque temps incertain ; une multitude de ressorts différents semblent pouvoir donner la vie à sa composition ; il en suit le développement, puis il y renonce. Il fait un choix nouveau, son mécanisme se complique; il n'en n'est pas content, il s'arrête, il revient sur ses pas. Du milieu de cette lutte tumultueuse entre des projets contraires surgit enfin une idée simple. Soit qu'elle ait déjà été entrevue, soit qu'elle se présente à lui la première fois, l'auteur sent que cette idée est celle qu'il avait cherchée.

Une remarque, un fait inattendu donne-t-il lieu à des recherches nouvelles? Le géomètre après avoir mûrement examiné tout ce qui dans la science déjà faite peut lui prêter secours, circonscrit le sujet qu'il va traiter. Bientôt il entrevoit des résultats qu'il ne peut encore atteindre ; son imagination s'élance pour les saisir dans les routes qu'elle s'est frayées ; il craint de s'être égaré, il doute de ses premiers aperçus, il retrograde et cherche à ressaisir les indications qui l'avaient d'abord guidé ; un grand nombre d'idées se sont jointes à celles qui furent les premières ; elles compliquent le sujet, partagent l'attention et suspendent le jugement. Mais à travers ce cahos de pensées diverses, le génie des sciences distingue une idée simple ; son choix est irrévocablement fixé, il sait que cette idée sera féconde.

Examinons à présent de quelle manière les travaux commencés vont être exécutés.

En traçant le plan qu'il doit suivre, le poète ne perdra jamais l'idée principale dont il a fait choix. Elle donnera à son travail l'unité d'intérêt et d'action, source de toute beauté véritable. Elle lui offre le moyen de satisfaire au besoin d'ordre et de proportion, qu'un sentiment universel a placé au premier rang entre les préceptes du goût et de la raison. Il se complaira à en suivre le développement.

De son côté le géomètre porte une attention soutenue vers l'idée heureuse qui dirige ses recherches. Toutes les forces de son intelligence vont être employées à dérouler la chaîne des vérités contenues dans cette vérité première ; et sans doute l'unité de composition ne sera nulle part ailleurs aussi sensible.

L'ordre de son travail est déterminé ; il ne saurait l'intervertir. L'évidence est pour lui la condition du succès ; il choisit la méthode qu'il croit propre à l'y conduire et entre ensuite avec joie dans la carrière ouverte à ses espérances.

Les auteurs dont nous comparons les travaux ont franchi les premières difficultés ; ils ont observé entre les divisions qu'ils viennent d'adopter cette juste proportion d'étendue respective, qui, sans nuire au sentiment de la continuité, offre à l'attention ce repos dont elle a besoin.

Pour remplir ensuite les cadres qu'ils ont tracés, ils s'abandonneront encore une fois aux inspirations de leur génie. Mais à présent que les limites du sujet sont parfaitement déterminées, ils n'auront plus à craindre de s'égarer, l'un dans le champ immense d'une imagination fertile en inventions ; l'autre dans cet océan des possibilités, d'où on aborde avec tant de difficulté sur le terrain ferme de la vérité démontrée. Il se présente souvent encore dans le cours du travail des idées qui, bien que nées du sujet, nuiraient cependant ou à la rapidité ou à la clarté du développement. S'ils mettaient trop de soin à éviter une telle surabondance d'invention, nos auteurs craindraient d'arrêter l'élan de leurs pensées. Plus tard ils reverront leur premières ébauches et n'y conserveront plus que les traits nécessaires. Changeant alors de rôle, ils deviennent les juges de leur propres ouvrages.

Ils examinent d'abord la marche des idées. Celles qui pourraient d'un côté partager l'intérêt, de l'autre suspendre l'attention et détruire ainsi l'unité de composition, seront écartées du lieu où elles se trouvent; elles iront enrichir, soit de gracieux épisodes, soit de savantes annotations ; ou, si trop éloignées du sujet qui les a fortuitement amenées, elles ne peuvent être convenablement placées dans l'ouvrage même, elles deviendront peut-être l'origine d'une production nouvelle. Ainsi la branche développée dans la saison actuelle, offre quelquefois le rudiment d'une végétation prochaine.

Les différentes parties du style seront ensuite l'objet d'un autre genre de corrections. L'homme de lettres s'occupera du choix des mots, de leur arrangement, de l'harmonie du vers ou de celle de la phrase. Un grand nombre de convenances difficiles à concilier sont soumises au jugement du goût : du goût, tantôt si prompt à décider, tantôt si lent à prononcer; dont les opérations échappent souvent à l'attention, mais qui pourtant agit toujours conformément aux règles de la raison, lors même quelle semble ne reconnaître d'autres lois que ses propres caprices.

La langue des calculs peut donner lieu à des corrections qui lui sont propres ; car elle a aussi son style, et tous les auteurs ne l'écrivent pas avec le même degré de perfection. Au choix des mots correspond celui des caractères. A la vérité, ceux-ci sont tellement conventionnels, qu'il faut dans chaque occasion, exprimer quelle valeur on leur attribue. Cependant leur emploi est assujetti à certaines convenances qui ne tiennent pas uniquement aux habitudes consacrées. Les formules remplacent la phrase, elles peuvent être plus ou moins élégantes. L'analyse parle aux yeux. Ainsi au lieu de l'harmonie ou de l'accord entre les sons, elle doit présenter entre ses divers éléments des rapports d'ordre et de simplicité faciles à saisir au premier coup d'œil. Les personnes initiées à ce genre de discours trouvent bien certainement dans la contemplation des formules une sorte de charme qui les entraîne vers l'étude. Et si les bons auteurs sont doués d'une finesse de tact qui leur fait choisir entre ces formules celles qu'il convient d'écrire, tandis que d'autres seront seulement indiquées; si leurs décisions sont tantôt rapides, tantôt lentes et réfléchies, c'est que le tact dont nous parlons n'est, en effet, autre chose que le goût appliqué à des objets qu'on semble avoir crus étrangers à son empire.

Nous venons de voir combien les productions intellectuelles les plus diverses ont entre elles de ressemblances véritables : comment un sentiment d'ordre et de proportions, après avoir présidé aux inspirations du génie, guide leur emploi, et se fait encore sentir dans les dernières corrections de l'ouvrage achevé.

Mais si la marche de l'esprit est partout la même, les objets qu'il peut envisager sont d'une variété infinie. Au premier coup d'œil, ce qui tient à cette variété doit plus frapper que l'identité des rapports dont nous avons parlé. Aussi les opérations intellectuelles qui, au fond sont les mêmes, ont-elles reçu divers noms suivant la nature des sujets auxquels elles s'appliquent. La différence dans les mots, différence d'autant plus naturelle que chacune des branches de nos connaissances a été pendant longtemps, pour ainsi dire, exclusive de toutes les autres, tend à perpétuer l'opinion d'une séparation réelle entre les facultés de l'esprit : comme si, par exemple, l'allégorie elle-même n'était pas assujettie aux préceptes de la raison, et si la découverte d'une loi de la nature avait pu se passer du secours de l'imagination. Sans doute le poète ne nous rendra pas compte des discussions pleines de finesse qui ont précédé l'adoption des emblèmes qu'il a choisis. L'homme de génie qui a surpris un des secrets de l'ordre naturel, ne nous dira pas non plus combien de fois son imagination s'est égarée autour de la route qui devait le conduire à la connaissance certaine d'une vérité qu'il est à présent en état de démontrer. Bien loin de là

Chaque auteur a mis tous ses soins à faire disparaître la trace de ses premiers essais, pour ne conserver que les formes propres au sujet. Le lecteur vient ensuite chercher suivant les dispositions qui lui sont personnelles, soit un délassement agréable, soit une instruction solide. Le titre du livre suffit pour qu'il soit assuré de n'avoir à faire usage que du degré d'attention qu'il veut employer ; il est naturellement porté à croire que les auteurs eux-mêmes ont écrit ou dans l'abandon d'une imagination qui erre en liberté, ou avec l'austère méthode d'une déduction qui ne permet aucun écart. De là cette séparation jadis si respectée entre le domaine de l'imagination et celui de la raison.

Disons aussi que dans un temps déjà éloigné, l'extrême division du travail nécessaire à la science naissante, avait dû accréditer l'idée de spécialité dans les facultés de l'âme. Mais aujourd'hui que les bienfaits de l'imprimerie assurent à l'esprit humain la jouissance de tout ce que les générations précédentes ont accumulé d'observations, de comparaisons, de théories, de vérités incontestables, il n'aura plus à refaire les premiers pas: ses forces réelles augmenteront chaque jour; et déjà nous nous trouvons ramenés par la voie sûre d'une instruction approfondie, vers ces idées de simplicité et d'unité qui furent autrefois des révélations du génie devinant sa propre nature, et cherchant à en étendre les lois sur l'univers entier.

Ah! n'en doutons plus, les sciences, les lettres et les beaux-arts ont été inspirés par un seul et même sentiment. Ils ont reproduit suivant les moyens qui constituent l'essence de chacun d'eux, des copies sans cesse renouvelées de ce modèle inné, type universel de vérité, si fortement empreint dans les esprits supérieurs.

Dans le chapitre suivant nous verrons, en jetant un coup d'œil sur l'histoire de l'esprit humain, comment, jusque dans ses écarts mêmes et en vertu des lois de son être, tous ses efforts ont été dirigés vers l'ordre, la simplicité et l'unité de conception.

CHAPITRE II

CONSIDÉRATIONS GÉNÉRALES SUR L'ÉTAT DES SCIENCES
ET DES LETTRES,
AUX DIFFÉRENTES ÉPOQUES DE LEUR CULTURE.

Si maintenant nous voulons remonter jusqu'à l'origine de la littérature, nous verrons qu'elle a commencé la première fois que, sortant du cercle étroit des intérêts personnels, l'homme a essayé de communiquer à ses semblables des sentiments et des idées qui n'avaient aucun but usuel.

Le récit des événements remarquables, la peinture des grandes scènes de la nature n'étaient encore que de simples copies de choses existantes.

Lorsqu'au lieu de s'astreindre à faire le récit de certains faits ou à dévoiler un certain état de choses, l'homme de génie est parvenu à reproduire à l'aide d'une action dont il avait imaginé les ressorts, les impressions reçues d'ailleurs, il s'était déjà élevé jusqu'à la notion abstraite de l'ordre pour y puiser la première des règles de sa composition. Il a voulu disposer de l'attention des autres hommes ; l'unité d'action, l'unité d'intérêt, la clarté de l'exposition ont été pour lui des moyens de succès, avant que l'esprit d'examen en eut fait des préceptes de l'art.

Jeté sur la terre au milieu de l'immensité des choses, frappé à la fois par le spectacle d'une infinité de merveilles, l'homme n'a rien trouvé au dehors de lui de plus merveilleux que lui-même. Il a étendu son existence sur tout ce qui l'environnait. Son individualité lui a d'abord été connue : cherchant partout sa propre image il a personnifié les êtres inanimés, les êtres intellectuels, enfants de son imagination. Ceux-ci ont présidé à tous les actes, à tous les phénomènes de l'ordre naturel. Ainsi se manifestait déjà à cette première époque de la culture intellectuelle, le sentiment profond d'un lien commun entre tous les êtres, et celui d'un type universel empreint dans l'intelligence humaine pour lui servir de modèle.

Les sciences n'existaient pas encore ; mais le besoin d'expliquer s'était fait sentir. La première des littératures fut poétique. Ce qui tenait lieu des sciences physiques n'était pas moins poétique que la littérature elle-même ou plutôt ces deux branches du savoir, tellement séparées aujourd'hui qu'il faut de l'attention pour remarquer ce qu'elles ont de commun, étaient dans ces premiers temps entièrement confondues. Qu'importait en effet à l'égard du caractère de la composition, que le sujet fût l'homme lui-même, ou quelqu'un des dieux, demi-dieux, ou génies qu'il avait dotés de l'intelligence et des passions humaines? Des êtres si pareils pouvaient même agir de concert, sans nuire à l'homogénéité d'invention ; le merveilleux les unissait.

Nous apercevons dans ces premiers essais de la pensée, le goût des idées générales et le sentiment d'analogie, qui se reproduiront dans la suite sous les formes les plus variées. L'individualité et l'intelligence de l'homme en vertu de laquelle ses actions sont dirigées vers le but qu'il veut atteindre, lui ont été connues en même temps que sa propre existence. Dès qu'il porte ses regards autour de lui, qu'y cherche-t-il ? Ce qu'il a trouvé en lui-même. Il voit dans les actes de la nature un ordre et une succession qui lui paraissent tendre vers un but déterminé ; il ne suppose pas d'autre cause que l'action d'une intelligence et d'une volonté; et cette intelligence, cette volonté, il ne peut les concevoir sans les attribuer à un être quelconque. Il imagine des êtres invisibles, parce qu'en effet il n'en voit aucun. Ce sont, suivant l'importance des actes qu'il leur attribue, des dieux, des demi-dieux, ou seulement des génies subalternes. Ces êtres sont amis ou ennemis ; ils combattent entr'eux ou ils unissent leurs forces ; ils ont nos affections, nos haines, nos passions, nos intérêts; ils sont faits à notre image. Et pourtant nous ne pouvons ni les voir, ni les entendre, ni les palper : ils sont donc immatériels, ce sont des esprits. Fidèle à sa pensée constante, l'homme n'a jamais cessé de regarder son existence propre comme le type de toutes les autres existences. Après s'être dit : les esprits existent, ils connaissent, ils veulent, ils agissent, et leurs actions se manifestent par les changements matériels qu'ils opèrent, il devait chercher en lui-même quelque chose de semblable. Nos connaissances, nos volontés et le principe de nos actions ont donc été attribués à une substance immatérielle, qui suivant la diversité de ces opérations a reçu différents noms.

Cette ébauche de nos connaissances nous montre l'origine de la plupart des idées qui ont été reproduites depuis. La littérature a conservé les fictions qui furent regardées autrefois comme des réalités; les sciences physiques ont recueilli les observations que ces fictions expliquaient ; la philosophie y a puisé ses systèmes, et les religions y ont trouvé les éléments de leurs croyances.

Sans nous astreindre à aucun ordre historique, suivons la marche de l'esprit humain.

Les observations se sont multipliées : la régularité des mouvements célestes et la constance des phénomènes sublimaires ont décelé des lois immuables. Les volontés d'une multitude de personnes n'ont pas ce caractère. Un seul homme peut avoir des volontés relatives à des objets différents. S'il était chargé de diriger à la fois plusieurs genres d'actions, il établirait un ordre constant qui le dispenserait d'une attention de détail. A cet égard l'état de société présentait des exemples. L'homme a dit alors : un seul être a voulu l'univers et il le gouverne ; ses volontés sont immuables.

Nous voyons naître nos semblables, nous avons commencé, l'univers a donc aussi eu un commencement. Nous avons une âme immatérielle ; elle est la force motrice qui produit nos actions. L'être des êtres est immatériel, il a créé toutes choses, et il agit sur elles.

Il a créé l'univers, il existait donc avant cet univers.

L'esprit humain était arrivé aux limites des analogies. Au-delà il n'avait plus aucune idée de l'être car il manquait de modèle. Cette négation d'idée, cette limite de la pensée a été exprimée; l'infini est son nom : s'il s'agit de la durée, c'est l'éternité. Le créateur de l'univers n'a pas commencé ; il ne doit pas finir : il est éternel.

Dans ce qui précède, on ne voit pas clairement comment on a été conduit à cette dernière partie de la proposition : il ne doit pas finir. Le voici. Nous assistons au commencement et à la fin d'existences pareilles à la nôtre : ces deux époques sont les limites de la vie. En de çà et au-delà, nous trouvons le temps qui ne leur appartient pas ; mais nous voyons que d'autres existences en jouissent. Ce genre de limites est donc relatif. Ainsi la durée de notre vie est comprise entre deux limites de même genre. L'analogie voulait que l'existence dont on avait reculé l'origine jusqu'à la limite absolue fut aussi comprise entre deux limites de même genre : elle ne devait pas finir, puisqu'elle n'avait pas commencé. L'intelligence humaine s'était déjà approprié la spiritualité ; elle devait prendre aussi possession de l'éternité. Nous l'avons déjà dit, sa méthode habituelle est de transporter hors d'elle-même les lois de sa propre existence ; de chercher dans les analogies ce qui manque encore à ses nécessités intellectuelles, et de reporter ensuite vers elle-même les suppléments dont les objets extérieurs lui ont donné l'idée. Elle se trouvait donc naturellement conduite à l'éternité de l'âme. On sait qu'en effet cette opinion présentée sous différentes formes, a eu de nombreux partisans. Cependant l'idée moins analogique de la simple immortalité a prévalu.

Ajoutons encore quelques observations à ce qui précède.

Lorsque l'individualité multipliée des êtres invisibles satisfaisait son imagination, l'homme n'avait pas encore pratiqué les différents arts en vertu desquels il assigne aux ouvrages de ses mains, une destination conforme à ses volontés. Les procédés mécaniques lui apprirent qu'après avoir transformé les agents naturels, il pouvait aussi leur imprimer un mouvement plus ou moins durable ; l'analogie le conduisit ainsi à penser que l'être unique qui gouvernait le monde en était l'architecte.

Voici une remarque assez singulière. On avait été mené directement à dire que le créateur de l'univers n'a pas commencé ; l'idée qu'il ne doit pas finir est pour ainsi dire symétrique de la première. Eh bien, en s'appropriant le genre de limites que son esprit avait atteint, l'homme ne l'adopte plus pour origine, mais il en fait le terme de son existence inmatérielle. Cette espèce de paradoxe trouvera son explication, lorsque nous nous occuperons de la liaison établie entre la morale et les croyances.

Nous venons de tracer la plus simple marche que l'intelligence humaine ait pu suivre. Témoin des merveilles de la nature ; voulant, parce qu'elle en sentait le besoin, la simplicité, l'ordre et les proportions dans ses propres ouvrages, elle attribue, et l'unité, et l'ordre, et les proportions qu'elle remarque dans l'univers à la volonté du créateur. Mais l'esprit philosophique ne pouvait se contenter d'une explication également applicable aux faits les plus contraires. Par son essence, la volonté est plus ou moins arbitraire : il fallait à l'esprit philosophique un plus ferme appui ; il cherchait partout les lois de la nécessité. Tantôt la toute puissance divine fut assujettie à de telles lois ; tantôt la matière elle-même et ses divers accidents furent regardés comme nécessaires.

Pressé de trouver au dehors les ressemblances à son modèle intérieur ; encore peu informé des vérités de la nature, ignorant et la quantité de chaque phénomène et leurs rapports entr'eux, l'homme de génie inspiré par le sentiment profond des conditions de l'être, se sentait entraîné vers la recherche d'une dépendance mutuelle entre les faits dont il était le témoin. Il les coordonnait suivant ses convenances intellectuelles et trouvait dans les analogies ce qui manquait encore à ses connaissances positives. L'esprit de système devait sans doute égarer l'intelligence humaine : c'était l'effet inévitable de son penchant à mettre à la place des certitudes qui n'étaient pas acquises, mille conjectures hardies qui démenties ensuite par des observations nouvelles, léguaient aux générations suivantes de véritables préjugés à l'égard des faits encore inconnus. Il est pourtant certain que cet esprit n'a jamais cessé d'être guidé par la prévision de la vérité.

Dans ces derniers temps, on a voulu recueillir en un seul faisceau les différentes branches de la science. L'auteur de la préface de l'Encyclopédie dit, en la terminant : « L'univers, pour qui saurait l'embrasser d'un seul coup d'œil, serait un fait unique, une grande vérité. » Ces paroles remarquables renferment le secret des efforts de l'esprit humain.

Chacun des systèmes qu'il a enfantés avait pour but de concentrer les faits alors connus en un fait unique. On établissait entre ces faits la relation de cause à effet : on voulait une raison pour qu'ils fussent. On cherchait une unité, des rapports, un ordre, des proportions, parce que ces conditions sont le caractère du vrai. On n'était pas en état de leur donner un appui solide ; mais on généralisait avec plus ou moins de bonheur les résultats dont on avait acquis la certitude. Une vérité connue imprimait alors son caractère propre à un vaste système ; et mille suppositions comblaient ensuite l'intervalle entre cette vérité et celles qui, placées dans un rang secondaire, semblaient devoir y être liées.

Une idée dominante se retrouve partout : l'homme s'est cru le modèle de tous les êtres, le but vers lequel ils tendent, le centre de l'univers. Non seulement ses convenances intellectuelles devaient être réalisées en toute chose, mais encore ses moindres convenances usuelles étaient la cause finale des êtres les plus éloignés de lui. Aussi le soleil, la lune, les étoiles sans nombre et presque invisibles, sont là tout exprès pour fertiliser ses champs et éclairer ses veilles. Le moindre brin d'herbe développé sans culture, l'animal du désert, le coquillage qui habite le fond des mers ont leur utilité ou, en d'autres termes, ils sont faits pour l'homme. On cherchait l'unité, l'ordre; on les concevait dans des relations imaginaires. Il y eut d'abord erreur du jugement, mais l'amour-propre sanctionna bientôt cette erreur, et les religions la consacrèrent.

Nous voyons encore aujourd'hui la trace des opinions qui rapportent toute autre existence à celle de l'homme.

Cependant nous appelons présentement fausses sciences deux branches de l'ancien savoir, qui sous le nom *d'alchimie* et *d'astro-*

logie judiciaire, ont joui pendant longtemps de la plus haute estime.

La première enseignait que le corps humain est l'abrégé de l'univers. Les diverses substances qu'elle soumettait à ses opérations avaient reçu les noms des divers organes avec lesquels elles avaient des ressemblances prétendues. Le foie de soufre est encore connu dans le langage vulgaire. Cette science voulait aussi l'unité : car elle cherchait la panacée, ou le remède universel ; l'Alkoës, ou le dissolvant universel. Et ce dissolvant devait finir par réduire toutes les autres substances en un seul élément qui était l'eau. Les métaux étaient l'objet de mille doctrines singulières; on établissait des rapports entre eux et les planètes, dont on leur avait donné les noms.

L'astronomie judiciaire apprenait l'influence des astres sur le sort de chaque individu. L'homme persuadé de son importance, se croyait menacé par l'apparition des comètes. Les grands de la terre, renchérissant sur l'amour-propre de leurs semblables ne voyaient par d'événements plus remarquables que leur propre mort. Aussi ne doutaient-ils pas qu'elle ne fut annoncée par ces astres vagabonds, qui bien certainement n'auraient pas pris la peine de visiter la terre s'ils n'eussent été chargés d'avertir les habitants d'un aussi grand malheur.

Mais si nous avons renoncé à ces antiques erreurs, nous conservons cependant encore, dans nos argumentations, l'invincible habitude de juger de la nature des choses par la possibilité de nous en former une idée ; en sorte qu'une proposition est affirmée ou niée suivant que nous pouvons ou ne pouvons pas concevoir son existence. Ainsi nous disons hardiment que la matière est divisible à l'infini, parce qu'il nous est facile de continuer à l'infini l'opération arithmétique de la division. Nous disons qu'elle ne peut penser, parce qu'elle est divisible à l'infini, et que l'unité de nos opérations intellectuelles répugne à l'idée de la divisibilité. Cependant nous ne savons toutes ces choses ni à *posteriori,* puisque l'expérience ne saurait les atteindre, ni à *priori,* puisque la matière ne nous étant connue que par de simples perceptions, nous ignorons complétement son essence. On croirait, à voir notre assurance que, à l'exemple du géomètre, nous sommes parvenus à exprimer la nature du sujet avec une telle précision que toutes ses propriétés sont renfermées dans notre définition. Mais combien la différence est grande ! Au lieu d'une équation absolue qui renferme l'objet de nos recherches tout entier, en sorte que rien de ce qui lui appartient ne puisse être étranger à cette espèce de définition caractéristique, nous connaissons seulement quelques propriétés relatives à nos sens. Que penser de la singulière assurance avec laquelle, lorsque nous avons à balancer les probabilités dans des questions qui ont si peu de prise, nous n'hésitons pourtant pas à dire : il est évident, il est absurde ; il faut être de mauvaise foi pour ne pas convenir etc. Avouons-le, la philosophie a fait des progrès réels ; mais elle doit encore subir de grands changements, si elle peut espérer d'arriver à l'exactitude.

Nous avons déjà remarqué qu'il existe en nous un sentiment profond d'unité, d'ordre et de proportions qui sert de guide à tous nos jugements. Dans les choses morales, nous en tirons la règle du bien ; dans les choses intellectuelles, nous y puisons la connaissance du vrai. Dans les choses de pur agrément, nous y trouvons le caractère du beau.

Il nous est difficile de savoir si les conditions qui sont imposées à votre approbation en toutes choses sont le résultat immédiat des lois de l'être, ou si elles dérivent seulement d'un rapport entre toute autre réalité et celle de notre existence.

Plusieurs philosophes paraissent s'être proposé plus ou moins directement les questions que ce doute pourrait faire naître. Les uns ont cherché dans les causes occasionnelles de nos sensations des qualités qui leur fussent correspondantes ; d'autres ont prétendu nier l'existence des objets qui nous sont extérieurs.

De nos jours, Kant a discuté une question de ce genre. La remarque expresse porte sur ce que les arguments les plus concluants peuvent être attribués ou à des rapports nécessaires, ou aux formes de notre entendement : en sorte que, à cet égard, toute décision rationnelle paraît nous être interdite.

Quand au raisonnement à *priori*, on ne saurait nier en effet, la légitimité du doute philosophique, car ce doute est fondé sur l'impossibilité de comparer aucun autre jugement à celui de l'homme. Cependant l'opinion qui attribuait à l'être, considéré en lui-même l'unité, l'ordre, les proportions, que nous cherchons dans tous les objets qui fixent notre attention aurait en sa faveur certaines inductions qu'il n'est peut-être pas inutile de développer. Nous allons essayer d'exposer clairement la nature de ces inductions : il sera facile d'apprécier ensuite quel degré de confiance il convient de leur accorder.

Voici quelques observations préliminaires.

Notre logique se compose de règles dictées par la raison universelle. Ces règles ne seraient pas moins certaines pour nous lorsqu'on voudrait qu'elles enseignassent seulement à former et à reconnaître les jugements que tout homme de bon sens ne saurait contester. Si nous adoptons pour un instant l'hypothèse de l'entier isolement de la raison, c'est-à-dire, si nous supposons qu'aucun objet extérieur à l'esprit de l'homme ne soit venu à sa connaissance, et que livré uniquement à ses propres pensées et à celles qu'il doit aux sociétés humaines, il ait cherché à rassembler dans un corps de doctrines les vérités de son être, celles qui naissent de ses rapports sociaux, de ses affections et de ses devoirs, nous y trouverons les idées du bien, du vrai et du beau, qui nous sont actuellement connues. Notre morale notre logique et nos règles du goût ne seraient pas changées ; car les récits animés, la peinture des passions, l'invention d'une action poétique offriraient encore des sujets à l'art d'embellir et de plaire ; et la littérature appauvrie ne serait pourtant pas anéantie.

Dans cette position hypothétique, la question de savoir si les rapports entre les différentes parties d'un sujet sont nécessaires en eux-mêmes, ou s'ils nous semblent tels uniquement en vertu de nos formes intellectuelles, ne se serait pas présentée à l'esprit des philosophes. Peut-être même eussent-ils été dans l'impossibilité d'en comprendre le sens, uniquement environnés des choses humaines. Comment en effet auraient-ils songé à la notion abstraite de l'être, lorsqu'un seul mode d'existence leur eût été connu ? Leur logique eût pu être la nôtre ; mais leurs opinions dogmatiques eussent été fort différentes de celles qui ont crédit parmi nous.

Arrêtons un instant notre attention sur l'objet du doute philosophique, et tâchons d'en bien définir la nature.

La question qui a été proposée par Kant, tend à saper dans ses fondements la réalité absolue de toutes les certitudes que nous pouvons obtenir. Elle reduit à n'être que des vérités relatives celles-mêmes dont nous possédons les plus claires démonstrations. Le doute que ce philosophe a élevé attaquerait principalement ce que nous avons admis concernant les attributs de l'être. Ainsi le type intérieur qui nous sert à distinguer le bien, le vrai et le beau serait bien en effet celui qui convient à notre manière de sentir, mais n'aurait en dehors de nous aucune réalité dont nous pussions obtenir l'assurance.

L'auteur, après avoir dénié la preuve de l'existence de Dieu, qui se fonde sur la nécessité d'une cause première à celle de l'univers, cherche dans le sentiment ce qui manque au raisonnement. Mais il est facile de voir que cette concession en faveur des idées morales est purement arbitraire, et qu'elle est destinée de sauvegarde au système des formes intellectuelles.

Nous l'avons déjà dit, et cette proposition est fondamentale : il n'existe qu'un seul modèle du vrai. Ses copies diffèrent comme les objets qui en reçoivent l'empreinte. Dans la morale, dans la science, dans la littérature, dans les beaux-arts, nous cherchons toujours l'unité d'existence, l'ordre et les proportions entre les parties d'un même tout. — Voici la question qui se présente. Le modèle du vrai, ce type de l'être, le devons-nous au fait de notre existence, considérée abstractivement ; c'est-à-dire, suffit-il qu'il existe un être intelligent, pour qu'il trouve en lui-même les conditions sans lesquelles aucune existence n'est possible? Ou est-ce au mode particulier de notre être qu'appartiennent les conditions qui sont pour nous le caractère du vrai ?

Notre question comprend celle de Kant, qui pourrait être ainsi exprimée : notre logique est-elle celle de la raison absolue, ou convient-elle uniquement à la raison humaine ?

A l'égard de ce que ce philosophe remarque touchant notre tendance intellectuelle à chercher les causes de tout ce qui frappe notre attention, il me paraît qu'en adoptant notre manière d'envisager les choses, cette tendance serait l'avertissement que nous ne voyons pas, dans son entier, l'objet que nous examinons. Il s'offre à nous avec le caractère fractionnaire ; nous demandons qu'elle en est l'unité. Nous le voyons comme étant une partie ; nous cherchons le tout auquel cette partie appartient.

Prenons un exemple. Supposons que, au lieu d'envisager l'équation du cercle, nous soyons frappés d'une des propriétés des sinus et des cosinus, Nous pourrions bien demander pourquoi cette propriété a lieu en effet : car alors nous n'aurions sous les yeux qu'une partie du sujet. Mais si nous remontons jusqu'à la première expression de la courbe, notre curiosité est pleinement satisfaite ; nous avons défini l'essence ; nous voyons une existence complète. Bien certainement cet être absolu et nécessaire serait compris de la même manière par les intelligences les plus diverses que nous puissions imaginer.

Mais de pareils sujets sont en petit nombre; ils appartiennent aux mathématiques pures. Nos raisonnements logiques s'appliquent au contraire à tous les sujets que nous considérons. Nous avons vu que la question de leur certitude absolue ou relative serait insoluble *à priori*; que si elle pouvait être comprise par l'homme que nous avons supposé environné uniquement des choses humaines, il n'hésiterait pas à affirmer que rien n'est plus absolu que ses nécessités intellectuelles. Sans doute même il irait plus loin, et à beaucoup d'égards ses idées seraient contraires aux nôtres.

Ainsi, par exemple, j'ai dit comment nous sommes parvenus à établir que la matière ne pense pas. L'homme que je suppose ne connaître autre chose que lui-même et ses semblables, n'aurait pu imaginer qu'il y eût deux substances en lui. Aucune action extérieure ne l'eût forcé à chercher des individualités invisibles et douées de volontés. Il n'eût pas douté de l'unité de son existence; et si, dans cette position hypothétique, des corps inertes lui eussent été présentés, il n'eût pu manquer de les croire doués de sentiment et de pensées. L'expérience seule aurait fini par réformer ce dogme que la matière ou l'étendue pense et réfléchit, veut et agit. Ainsi voyons-nous les enfants qu'on a soin de préserver du contact des objets dont ils sont environnés, attribuer la volonté de les frapper au corps dont le choc vient à les blesser. La loi du talion, loi de justice innée, les porte à rendre le coup qu'ils viennent de recevoir, et le conseil de leur nourrice, qui les y invite, est suggéré par le désir que l'enfant manifeste naturellement d'être vengé d'une attaque qu'il regarde comme volontaire. L'observateur peu réfléchi pense alors que l'enfant raisonne mal, tandis que ses idées dérivent immédiatement du même sentiment d'analogie qui a porté l'homme, placé dans une position différente, à des idées dogmatiques entièrement opposées.

Où trouverons-nous à présent la solution de la difficulté qui nous occupe ? Les raisonnements *à priori* ne peuvent l'atteindre, puisqu'ils sont tous formés par la raison dont nous voulons juger la manière d'agir : et lorsque nous avons recours aux preuves extérieures, nous trouvons que suivant la position de l'observateur, l'analogie le conduit aux opinions les plus contraires.

Ah ! si les conjectures de l'homme eussent toujours été réalisées; si l'expérience eût sanctionné tous les systèmes qu'il a imaginés; si, lorsqu'il avait jugé de l'impossibilité d'un fait, d'un ordre quelconque de choses, contemporaines ou successives, l'observation n'eut jamais démenti ses décisions théoriques, qui pourrait douter de l'absolutisme de nos nécessités logiques ? Les formes intellectuelles de l'observateur auraient-elles donc le pouvoir de ployer à leur convenance les sujets soumis à son examen ?

Nous sommes loin de cette heureuse position. L'histoire des sciences nous présente mille écarts ; et l'esprit humain a employé plus d'efforts à détruire ses propres ouvrages qu'à en reconstruire de nouveaux. Les systèmes satisfaisaient à l'aide des suppositions les plus hasardées, aux faits qu'ils devaient expliquer. Bientôt ces systèmes devenaient inuffisants ; mais leur influence sur l'esprit des philosophes était alors un obstacle difficile à vaincre, pour arriver à la connaissance de la vérité.

Si nous portons en nous-mêmes le type du vrai, pourquoi avons-nous commis tant de méprises.

Si notre logique n'est autre chose que le recueil des principes de la raison absolue, comment, malgré les secours d'un guide sûr, avons-nous pu errer si longtemps dans la région nébuleuse des suppositions gratuites.

En examinant la première de ces questions, nous verrons qu'il est hors de doute que le type du vrai n'a jamais cessé de se faire sentir au milieu des écarts de la raison. Et, en effet, chaque système a été inspiré par la connaissance d'une vérité incontestable. L'homme de génie frappé de l'importance de cette vérité, et persuadé de l'unité de l'être, a voulu rapporter toutes choses à celle dont il avait acquis la certitude. Alors il a imaginé, il a supposé, il a rempli d'une manière plus ou moins heureuse, les nombreux intervalles entre les points solidement établis. Mais cet esprit supérieur, auteur d'un vaste système, n'a jamais confondu dans sa conscience, la certitude absolue qui servait de base à l'œuvre de sa pensée avec la probabilité, souvent bien faible à ses propres yeux, des suppositions destinées à lier entre elles les diverses parties de sa doctrine.

C'est là, c'est dans la pensée des inventeurs qu'il faut étudier la nature de l'intelligence humaine : et cet égard, l'histoire du genre humain se réduit à celle d'un petit nombre d'hommes, nés avec l'honorable mission d'éclairer leurs semblables.

Sans doute, le modèle du vrai, qui nous sert à reconnaître le bon et le beau, n'est pas le partage exclusif de ces hommes privilégiés : mais des esprits communs ne voient qu'autour d'eux. Dans le cercle de leurs affections et de leurs intérêts, ils sont juges éclairés: au-delà il n'existe aucune certitude dont ils fassent cas : et d'ailleurs ils manqueraient de faculté pour savoir l'apprécier.

Revêtues des formes séduisantes qu'une imagination élevée sait prêter à ses conceptions, les doctrines systématiques ont été adoptées avec enthousiasme par la curiosité publique ; les esprits cultivés en ont fait leur pâture ; elles ont été enseignées dans les écoles. Il s'agissait de les avoir, et non de les juger. On en suivait les conséquences ; on en multipliait les applications. Tout le monde parlait d'après le maître ; on expliquait sa pensée, et on faisait sur ses écrits mille commentaires que lui-même n'eût certainement pas adoptés. La simplicité primitive disparaissait ; une foule d'erreurs venaient obscurcir le fond de vérité qui avait éclairé le premier auteur de système, et pourtant l'enseignement et le crédit y restaient absolument attachés ; jusqu'à ce qu'une hypothèse plus en harmonie avec les progrès de l'observation eût satisfait au besoin de savoir, qui a devancé, pendant un temps si long, la création de la science véritable.

Ici se présente naturellement la question relative aux certitudes logiques. Comment, si elles sont absolues, l'esprit humain a-t-il pu s'abandonner à l'erreur ?

Il est d'abord évident que tout faux raisonnement, dès lors qu'il peut être jugé tel par la raison humaine, doit être attribué à toute autre cause qu'au défaut d'absolutisme dans nos nécessités intellectuelles. Il ne reste donc autre chose à examiner que les déviations commises par l'homme de bonne foi et de jugement éclairé, qui, partant d'un principe certain et raisonnant avec la plus sévère exactitude, est cependant arrivé à des conclusions démenties par les faits.

Nous observerons qu'il est extrêmement difficile d'exprimer le principe certain dont on veut suivre les conséquences d'une manière assez précise pour être sûr qu'il soit compris tout entier dans la définition à laquelle il donne lieu et qu'en même temps, aucune idée qui ne serait pas nécessairement comprise dans le principe certain, n'ait pas été indûment introduite dans la définition. La difficulté dont nous parlons tient à la nature des langues. Elles doivent leur origine à des communications usuelles, dans les idées qui se rapportent aux choses présentes ou à celles qui sont parfaitement connues. Elles ont toutes l'exactitude désirable, mais pour les rendre applicables à des sujets philosophiques, il a fallu prendre au figuré des termes fort clairs, à la vérité, dans leur signification propre, mais dont la précision ne pouvait se conserver lorsqu'on altérait le sens dans lequel ont était accoutumé à les entendre. Cette difficulté a toujours été sentie. On a cru l'éluder en forgeant des mots nouveaux, lorsqu'on avait à exprimer des idées nouvelles. Il est évident cependant que ces mots eux-mêmes avaient besoin d'être définis, et ne remédiaient nullement à l'inconvénient du défaut de précision. Loin de là, les expressions techniques ont été interprétées de manières diverses suivant les opinions des personnes qui cherchaient dans un système accrédité un appui pour leurs idées particulières. Ces expressions techniques sont ainsi devenues une des sources les plus fécondes de la divagation des opinions philosophiques. Les expressions étaient les mêmes ; mais chacun avait une opinion disparate à celle de son interlocuteur.

 Dans un temps reculé, dont il est sans doute

difficile d'assigner la première époque, les propriétés générales des nombres, celles des figures simples et des corps réguliers avaient attiré l'attention des hommes nés avec le génie des sciences exactes. Ici les idées sont d'une extrême simplicité. On avait sous les yeux les figures et les corps géométriques eux-mêmes ; il était impossible de leur attribuer des propriétés qu'ils n'avaient pas. Des remarques multipliées ont conduit à la connaissance parfaite de ces objets ; un grand nombre de théorèmes curieux en ont été le fruit. Lorsqu'on a voulu exprimer ces théorèmes et ceux qui concernent les nombres, quelques signes dont la signification ne pouvait être équivoque, ont suffi pour représenter avec précision des idées d'une exactitude parfaite. Dès leur naissance, les idées mathématiques ont offert à l'esprit humain l'entière réalisation de ce type du vrai, objet de ses plus chères affections.

Partout ailleurs il en cherchait en vain les

caractères sublimes. Mille suppositions gratuites avaient été incorporées à un petit nombre de vérités ; et, malgré les formes absolues de l'enseignement philosophique, l'homme doué d'un esprit juste sentait au fond de sa conscience que l'étude ne pouvait le conduire à aucune certitude véritable.

Les temps ne sont pas encore fort éloignés où les sciences physiques, morales, religieuses et politiques étaient surchargées d'une foule de doctrines hypothétiques et mystérieuses. Aussi voyons-nous qu'alors la géométrie inspirait un enthousiasme que nous ne retrouvons plus au même degré. Et comment, en effet, après s'être astreint à étudier avec application les divers systèmes qui composaient la science, systèmes rendus plus obscurs encore par une foule de commentaires, dont les auteurs étaient loin de la sagacité des premiers inventeurs, et se contredisaient entre eux de cent manières diverses, l'homme doué du sentiment profond des conditions qui n'appartiennent qu'au vrai, n'aurait-il pas été transporté d'une joie indicible, en trouvant au plus haut degré cette clairvoyance de la vérité, dont la privation l'avait si cruellement tourmenté?

Descartes osa douter publiquement des doctrines de l'école. Ce grand homme n'eut pourtant pas le courage de renoncer à l'espérance, tant de fois déçue, d'arriver enfin à réaliser la copie fidèle du type de l'être. Il reconstruisit l'univers sur un nouveau plan. Mais le noble exemple qu'il avait donné servit bientôt à faire rejeter son propre système. Descartes rendit ainsi à la raison un service immense : il créa pour elle une époque nouvelle, elle lui doit son indépendance. L'hypothèse ingénieuse des tourbillons semblait appartenir au temps qui venait de finir : aussi en marqua-t-elle la dernière limite, et les efforts de l'esprit humain changèrent-ils alors entièrement de direction.

Les sciences mathématiques étaient composées de deux parties distinctes. Descartes sut les réunir. Elles avaient déjà fait d'assez grands progrès : l'application de l'algèbre à la géométrie leur donna un nouvel essor. Elles étaient isolées de toutes autres recherches ; la langue des calculs déjà ployée à un usage nouveau, fut bientôt après susceptible d'exprimer les grands faits du ciel. Ainsi le même homme qui avait eu la gloire de renverser d'anciennes erreurs eut la gloire plus grande encore d'ouvrir à ses successeurs une route dans laquelle il était impossible de s'égarer.

Newton parut, armé d'un nouveau genre de calcul : et l'unité, l'ordre, les proportions de l'univers que le sentiment du vrai avait fait chercher si longtemps devinrent des vérités mathématiques. Son génie avait reconnu la cause des mouvements célestes : une analyse pleine de finesse lui servit à les mesurer. L'optique devint aussi entre ses mains une science nouvelle, et il devina par rapport à la nature des corps refringents, des vérités qu'il était réservé à la chimie de vérifier longtemps après.

C'est de cette époque à jamais mémorable, qu'il faut dater l'alliance entre les sciences mathématiques et les sciences physiques. La mécanique et l'hydrodynamique avaient été connues des anciens. De grands travaux et les livres d'Archimède attestent qu'ils en savaient et la pratique et la théorie. Mais l'idée des quantités est tellement inhérente à celle des forces qu'on peut dire de ces deux sciences qu'elles sont essentiellement mathématiques.

Leurs éléments, ceux de l'algèbre et ceux de la géométrie composaient tout le domaine des idées exactes. Partout ailleurs on ne retrouvait plus que les vains efforts du génie pour arriver à la connaissance de la vérité et les erreurs sans nombres que les doctrines insuffisantes des premiers inventeurs traînaient à leur suite. Le langage mystérieux employé par les philosophes, langage plus obscur encore que les idées qu'il était destiné à exprimer formait avec la langue précise et claire des sciences exactes un contraste singulier. Dans un temps où les géomètres vivaient isolés et où ils étaient en petit nombre, ce contraste était connu d'eux seuls, et son effet se bornait àleur inspirer le plus profond mépris pour toutes les autres sciences. Mais lorsque les phénomènes célestes, objets de l'admiration et de la curiosité des hommes, vinrent se ranger sous les lois du calcul, l'étude des mathématiques devint plus générale; et les bons esprits furent frappés d'une manière d'argumenter si différente de celle de l'école.

L'astronomie physique remplaçait des hypothèses discréditées; une vive lumière succédait à l'assemblage des idées les plus obscures. Cette révolution subite ébranla l'empire des préjugés; elle alarma les hommes intéressés à en soutenir le règne. Ils craignaient les vérités les plus étrangères à leurs doctrines, et aucune profession de foi ne parut assez orthodoxe pour les rassurer. Semblables au peintre qui éloigne des regards du spectateur tout objet réel et palpable, l'instinct d'une sorte de perspective morale les avait avertis du danger des comparaisons.

Tandis que le système du monde présentait aux philosophes le spectacle nouveau d'un mécanisme simple dans son principe et fécond dans ses conséquences, la physique sublunaire était encore surchargée de mille suppositions, nées du besoin d'expliquer les faits dont la liaison était inconnue. L'attachement aux vieilles routines, lorsqu'il était exempt de l'envie d'imposer, ne pouvait tenir longtemps contre le désir et l'espérance d'obtenir dans d'autres genres d'études des succès dont un grand exemple venait de révéler la possibilité. Les sciences se composaient d'un mélange confus d'erreurs et de vérités : on sentit qu'il fallait tout refaire. Bacon en donna le conseil.

Les anciens, guidés par des considérations

métaphysiques avaient peu observé. On dirait qu'ils ont craint de rencontrer dans la réalité des faits le démenti à leurs idées systématiques. A la renaissance des lettres on étudia leurs écrits. Leur littérature offrait des modèles ; elle obtint à juste titre l'admiration universelle. Tous leurs ouvrages furent également recherchés, également admirés. On adopta leurs idées, et les controverses n'eurent d'autres objets que les diverses manières dont il était possible de les interpréter. Si quelquefois on essaya des explications nouvelles, ce fut toujours à leur exemple, en cherchant à ployer les faits à des explications également vagues et hasardées.

Jusque là, on avait toujours cherché les causes des phénomènes. On commença alors à les considérer en eux-mêmes. Au lieu du *pourquoi* on voulut savoir le *comment* de chaque chose. Une foule d'observateurs laborieux commencèrent à examiner la nature des faits. Ils renoncèrent courageusement pour eux-mêmes à la satisfaction de les expliquer, dans l'espérance de léguer à leurs successeurs une masse de connaissances positives, dont la liaison se montrerait nécessairement dans un temps plus éloigné. C'est de cette époque que date la connaissance de la nature. Jusque là l'homme l'avait imaginée ; il la vit alors pour la première fois.

On chercha à mesurer tout ce qui est mesurable. A la question du *comment* se joignit celle du *combien*. Les phénomènes mieux appréciés devinrent calculables ; les plus simples d'entre eux présentèrent aux successeurs de Newton des objets de recherche. De nos jours l'esprit mathématique a fait de tels progrès que la physique dite particulière, c'est-à-dire la connaissance des phénomènes naturels, qui n'appartiennent pas à l'histoire naturelle, a pour ainsi dire disparu et s'est trouvée transformée en une des branches les plus importantes des sciences exactes.

En se ployant aux usages nouveaux, la

langue des calculs s'est enrichie de plusieurs méthodes nouvelles ; et ces méthodes ont offert ensuite le moyen de traiter des questions qui semblaient, il y a peu de temps, devoir rester étrangères aux sciences exactes.

De si grands progrès, des applications si nombreuses ont tourné tous les esprits vers les sciences mathématiques. Il y a moins d'un siècle leur objet était circonscrit dans un petit nombre de vérités abstraites; les personnes les plus instruites regardaient l'algèbre comme un langage barbare et indéchiffrable. Aujourd'hui les éléments de cette science entrent dans l'éducation ; son esprit a pénétré dans la masse des nations, et la raison publique y a puisé des forces nouvelles.

Nous venons de voir comment l'esprit humain, après s'être épuisé en vains efforts pour réaliser au dehors de lui le modèle du vrai empreint dans la pensée, changeant tout à coup de direction, abandonna les espaces vagues d'une métaphysique ténébreuse, parcourut pas à pas la route de l'observation ; et profitant avec art des ressources offertes par les progrès d'une science où s'étaient réfugiées les idées d'ordre et de rectitude, qui partout ailleurs étaient ensevelies dans un amas confus de théories bizarres et hétérogènes, parvint à soumettre aux lois du calcul des phénomènes dont la nature était restée longtemps inconnue.

Reprenons présentement les deux questions que nous nous sommes proposées. La digression historique à laquelle nous nous sommes livrés nous fournira le moyen d'y répondre avec plus de précision.

On demande d'abord pourquoi nous avons commis tant de méprises, si nous portons en nous mêmes le type du vrai.

Nous voyons clairement que l'esprit humain pressé de jouir, avait jusqu'à nos temps modernes suivi une route où il ne devait rencontrer aucune réalité effective. Eclairés par l'expérience, il nous est même facile aujourd'hui de voir *à priori* pourquoi les faits échappaient à chaque instant aux divers systèmes que le génie de l'homme avait enfantés.

Et en effet le type du vrai, par sa nature, se compose d'idées abstraites. Il nous avertit de ce qui repugne, c'est-à-dire, de ce qui ne peut exister en même temps ; mais il ne peut suffire pour nous manifester des réalités particulières. Nous savons que chaque chose a son essence ; cette essence est l'unité du sujet, elle est susceptible de division. Nous savons encore qu'il existe de l'ordre et des proportions entre ses parties. Mais dans un cas donné quelle essence, quel ordre, quelles proportions devons-nous rencontrer ? Le modèle de l'être suffit pour nous en informer. Lorsque étayé par un petit nombre de connaissances certaines, l'homme de génie a essayé de suppléer, en admettant des suppositions gratuites à ce qui lui manquait d'observations positives, il a établi entre ces choses des relations purement fantastiques. Et si dans l'état actuel de nos connaissances, on demandait au géomètre combien de fois la théorie des probabilités veut que des conjectures ainsi formées se trouvent réalisées, il rencontrerait bien certainement la très petite fraction qui représente les succès obtenus pendant les siècles qui ont précédé l'époque où les observations précises ont remplacé les assertions dénuées de preuves.

A l'égard de l'objection contre l'absolutisme des nécessités logiques tirées d'exemples de démentis donnés par les faits à des conséquences déduites d'un principe certain, nous avons dit comment l'imperfection des langues introduisait inopinément des idées étrangères au sujet ; en sorte qu'on ne pouvait être sûr ni de l'avoir fait entrer tout entier, ni de ne lui avoir adjoint aucun autre objet dans la définition qui sert de fondement aux raisonnements.

Cette explication est aujourd'hui pleinement justifiée par les théories mathématiques, et l'absolutisme des nécessités logiques semble ne pouvoir plus être révoqué en doute.

Par une suite d'efforts concentrés cependant entre un bien petit nombre d'hommes, une langue précise, exacte et où la moindre erreur deviendrait sensible, a été formée et enrichie. Cette langue est celle de la raison dans toute sa pureté. Elle interdit la divagation, elle signale l'erreur involontaire. Il faudrait ne la pas connaître pour essayer de la faire servir à l'imposture. Elle reproduit dans toutes ses conséquences le principe qui lui a été confié. Elle peut servir à prouver que l'unité d'essence, l'ordre et les proportions du sujet que l'esprit humain cherche obstinément dans tous les objets de son attention, n'expriment pas seulement les conditions de notre satisfaction intellectuelle, mais qu'elles appartiennent à l'être ou à la vérité.

Et en effet lorsqu'on parvient à rendre une question mathématique, c'est-à-dire, lorsqu'on a eu l'art d'en saisir l'essence d'une manière assez simple pour que l'analyse puisse s'en emparer, la nature docile à la voix de l'homme vient sanctionner les oracles de la science. Un fait connu, bien apprécié, s'était présenté à sa pensée, comme une conséquence d'un ordre de choses encore inconnu : il a su définir cet ordre, et bientôt l'expérience abondante en circonstances nouvelles, met en évidence, et le génie qui a deviné son existence, et l'excellence de la méthode qu'il a su employer.

Doutera-t-on que le type de l'être ait une réalité absolue, lorsqu'on voit la langue des calculs faire jaillir d'une seule réalité dont elle s'est emparée toutes les réalités liées à la première par une essence commune. Si de telles liaisons n'avaient en leur faveur que la faculté de notre intelligence pour les concevoir, comment arriverait-il que l'observation des faits vint, par une voie si différente, montrer en dehors de la pensée de l'homme, l'édifice semblable à celui dont il trouve le modèle au dedans de lui-même ?

Les préliminaires qu'on vient de lire nous ont paru nécessaires pour bien entendre les idées que nous allons exposer. Ils en fixeront le sens, et serviront peut-être à leur faire pardonner ce qu'elles semblent avoir de hardiesse et de nouveauté.

Dans l'état actuel de notre culture intellectuelle, nous avançons vers la réalisation de ce qui fut un pressentiment chez les auteurs de tant de systèmes prématurés.

Ils voulaient ramener toutes choses à une seule ; ils cherchaient l'unité de l'être dont la nécessité s'est toujours fait sentir aux esprits supérieurs. Cette pensée constante des hommes qui forment à travers les siècles la chaîne des idées successives du genre humain a été clairement exprimée par d'Alembert, lorsqu'il a écrit cette phrase déjà citée : « l'univers, pour qui saurait l'embrasser d'un seul coup d'œil, serait un fait unique, une grande vérité. »

Ajoutons que suivant notre conviction intime, ce fait unique doit être nécessaire. Et, en effet, nous cherchons l'essence ou la nécessité de chaque chose, et ces deux expressions sont équivalentes : car, lorsque nous connaissons l'essence, nous voyons que l'être auquel elle appartient ne saurait ni être ni n'être pas différent de ce qu'il est. Notre esprit satisfait, appuyé sur la nécessité jouit alors d'une parfaite quiétude. L'attrait des sciences exactes n'a pas d'autre cause. Les sujets qu'elles embrassent sont connus dans leur essence ; leur existence est tellement nécessaire, qu'on ne saurait même concevoir qu'ils pussent ne pas exister. L'esprit se plait à les considérer, parce qu'il entre ainsi dans l'intime possession de l'être nécessaire ou de la vérité pure.

Partout ailleurs nous ne voyons plus que des êtres dépendants, des vérités partielles ; nous cherchons l'origine de tels êtres, la vérité nécessaire dont émanent ces vérités partielles, A l'égard des objets de ce genre, nous n'éprouvons aucune répugnance à admettre qu'ils peuvent ne pas exister ; ou ce qui est une idée semblable, nous accordons aisément qu'ils pouvaient être différents de ce qu'ils sont en effet.

Il est évident que cette disposition de notre esprit tient uniquement à l'ignorance où nous sommes touchant un tel ordre de choses. Aussi voyons-nous que les progrès des sciences, en établissant à nos yeux des liaisons entre des faits que nous avions cru isolées, nous forcent, lorsque les uns sont constatés, à regarder les autres comme nécessaires. C'est qu'alors nous envisageons ces faits comme des parties différentes d'une même existence; tandis qu'auparavant nous pensions qu'ils appartenaient à des unités différentes.

Lorsqu'il s'agit de faits éventuels, l'analyse nous sert à calculer, dans un cas donné, la probabilité que tel fait arrive plutôt que tel autre. Notre réponse à la question de la possibilité du fait, qu'elle que soit la nature de ce fait, est empirique. Sans se mettre en peine des circonstances qui peuvent en amener la réalisation, la géométrie répond : il y a une cause pour que tel événement arrive quelquefois ; la probabilité que cette cause amènera l'événement est exprimée par telle fraction.

L'utilité d'une telle réponse est incontestable ; mais elle atteste notre ignorance. Par exemple, si on demandait quelle est la probabilité qu'une certaine machine vienne à casser à un instant déterminé, on aurait sans doute grand intérêt à savoir cette probabilité ; mais il est clair que si on connaissait parfaitement la force employée, les frottements et les résistances, on saurait que l'événement est inévitable ou qu'il est impossible, et cette impossibilité serait évidente pour l'instant qui précède immédiatement celui pour lequel la réalisation du même événement serait aussi évidente.

Dans des événements d'une nature plus

compliquée, nous ne sommes même pas en état de dire quelles sont les connaissances qui nous manquent pour acquérir la certitude. Mais parce que nous ignorons quelles sont les circonstances déterminantes, devons-nous penser quelles sont arbitraires, sans liaison, sans ordre, enfin qu'elles manquent à toutes les conditions qui se rencontrent dans toutes les réalités qui sont à notre connaissance.

Concluons donc que la distinction entre les faits contingents et nécessaires est, quant au fond, celle qui se trouve entre les faits dont on ignore et ceux dont on connaît la nature.

L'univers, ce fait unique dont l'existence tourmente depuis si longtemps l'esprit des philosophes, s'il était mieux connu, paraîtrait nécessaire. On sait que cette opinion a été soutenue. Des distinctions entre l'intelligence et la matière, distinctions dont nous avons signalé l'origine, ont fait repousser la nécessité jusqu'à Dieu; et l'idée de Dieu a été formée sur le modèle de notre intelligence. On a dit : « Dieu est nécessaire ; sa volonté est libre, il a voulu l'univers. » Mais en disant : « Sa volonté est libre », on a rompu la chaîne : car s'il a pu ne pas vouloir l'univers, l'univers n'émane plus de lui comme les vérités secondaires émanent de de l'unité nécessaire dont elles font partie. Il est clair que le sentiment de liberté qui accompagne les déterminations de notre volonté a été le modèle qu'on a suivi et pourtant ce sentiment lui-même ne peut nous empêcher de reconnaître que notre volonté est souvent entraînée par les lois imprescriptibles de la nécessité. Il est vrai que nous délibérons très-réellement ; mais nous nous décidons. Semblables à la balance dont les deux plateaux sont chargés, nous oscillons ; mais le poids le plus fort détermine la situation où le système demeure en repos.

Il est naturel que la délibération nous donne le sentiment de notre liberté, et nous distraie même de la prévision d'une détermination, qui, bien que nécessaire, nous semble avoir été sur le point d'être changée en une détermination contraire. Aussi voyons-nous qu'une personne qui connaît à la fois la position et le caractère d'une autre personne, prévoit avec certitude le parti que prendra celle-ci, qui étonnée de cette espèce de prédiction assure et avec vérité, qu'il s'en est peu fallu qu'elle n'ait agi d'une façon différente.

Plus on réfléchit, plus aussi on reconnaît que la nécessité gouverne le monde. A chaque progrès nouveau des sciences, ce qui passait pour contingent est reconnu comme étant nécessaire. Il s'établit à nos yeux des liaisons multipliées entre des branches qu'on avait cru séparées; on observe des lois là où on n'avait encore vu que des faits accidentels. Nous approchons de plus en plus de l'unité d'être, qui fut le rêve de l'antiquité, et qui trouve son modèle dans le sentiment de notre propre existence.

Tâchons enfin de fixer notre opinion à l'égard de ce modèle du vrai, de ce type de l'être qui a souvent égaré la raison humaine, et qui dans nos temps modernes sert à la guider d'une manière si heureuse que ses progrès, d'abord concentrés entre un petit nombre d'hommes livrés à l'étude, se répandent aujourd'hui dans toutes les classes de la société, éclairent à la fois les sciences morales et politiques, la physique, les arts chimiques et mécaniques et peuvent fournir aux lettres et aux beaux-arts, des lumières nouvelles, des inspirations qu'ils n'ont pas encore rencontrées.

L'homme, n'eût-il pas d'autre sujet d'étude que lui-même, connaîtrait l'étendue; je ne pense pas qu'il puisse sérieusement douter de cette propriété de la matière. Mais ce qu'il connaîtrait surtout avec la dernière évidence, c'est sa propre existence.

Au milieu des divers systèmes où s'est égaré l'esprit humain, il a essayé du scepticisme; il a pu soutenir que tout ce qui était au dehors de l'existence de l'homme, était pure apparence. Mais le fameux argument : « *Je pense, donc je suis,* » a ramené sa raison vers la réalité de son être.

Le sentiment de l'être est celui de la vérité. Il est inséparable de notre existence ; il précède toute autre idée. Le bon, le beau dérivent du vrai ; mais leur connaissance exige le secours des comparaisons. Suivant qu'on s'est trouvé plus ou moins frappé de l'une ou de l'autre des parties de cette proposition, on a été porté par l'esprit de système, à soutenir ou que nos idées sont innées, ou qu'elles viennent de nos sensations. L'une et l'autre opinion sont vraies, dans les limites que nous avons posées. Le type du vrai, nous l'apportons en naissant. Notre être, dont la réalité est notre plus intime connaissance, est inséparable de ce modèle inné. En ce sens l'homme est l'abrégé de l'univers : car l'être ou la vérité, partout où ils se trouvent, remplissent certaines conditions, que l'attention découvrira nécessairement dans tous les objets réels dont elle sera occupée. Mais cette ressemblance abstraite est fort éloignée de celle qu'on a cherchée ; elle peut servir à expliquer cependant la cause d'une erreur qui a séduit autrefois l'esprit humain.

De toutes nos idées, la plus abstraite est celle de l'être : car celle du néant est toute négative. L'être nous appartient, il pénètre notre intelligence et l'éclaire du flambeau de la vérité. Les idées du beau, du bon, sont plus compliquées. Nous les devons à la comparaison entre les connaissances acquises et notre modèle intérieur. D'autres idées sont plus immédiatement dues à nos sensations. Ainsi, le grand, le petit, le fort, le faible, expriment des comparaisons qu'il serait absurde de regarder comme innées. J'en dirai autant de ce que nous appelons beauté ou bonté relatives : ces connaissances sont toutes acquises à l'aide des sensations et de la réflexion.

C'est à l'uniformité des conditions de l'être qu'il faut attribuer le sentiment d'analogie qui dirige toutes les opérations de notre entendement.

L'histoire de l'esprit humain nous apprend que ce sentiment a produit des erreurs grossières aussi bien que d'heureuses pensées.

On peut demander comment une cause dont l'action est constante a cependant amené des résultats si différents,

Nous allons voir que de telles différences sont le résultat inévitable des manières diverses, dont on a cherché à réaliser les indications vers lesquelles nos tendances intellectuelles n'ont jamais cessé de nous entraîner.

Par leur nature, les conditions de l'être sont abstraites, et s'il en était autrement, on ne concevrait qu'elles fussent universelles. L'esprit de système consistait à prendre un fait connu, c'est-à-dire, une vérité particulière, pour base d'un ordre de faits. Ceux-ci, on ne les considérait plus en eux-mêmes, on y cherchait seulement les rapports, vrais ou supposés, qui les liaient au premier. Ainsi en assemblant un certain nombre d'êtres particuliers, on attribuait à l'un d'eux la domination sur les autres ; en sorte que ces derniers dépouillés de leurs réalités individuelles, étaient revêtus de celle qui convenait uniquement à la vérité dominante dont on avait fait choix.

Au lieu de chercher des analogies, on voulait trouver des identités, parce qu'en effet des identités seraient plus simples et par conséquent plus satisfaisantes que des analogies. Le type du vrai, l'unité de l'être, l'ordre, les proportions des parties, dont la nécessité s'est toujours fait sentir, on croyait pouvoir les réaliser arbitrairement, au gré d'une imagination capricieuse.

On devait s'égarer, et pourtant les erreurs de l'esprit humain qui sembleraient devoir être inépuisables, se sont toutes rapprochées de certaines vérités, et n'ont pas été aussi nombreuses que le vice des procédés pourrait le faire croire. C'est, qu'en effet, le sentiment du vrai n'a jamais abandonné les auteurs de tous ces systèmes. Cet heureux sentiment n'a pas suffi pour les préserver des suppositions arbitraires et forcées, mais il a servi à retenir leur imagination dans de certaines limites.

A l'esprit de système succèdent aujourd'hui les recherches méthodiques : la généralité des conditions de l'être est mieux comprise dans chaque sujet. On dirige ses efforts vers la découverte de leur réalisation ; mais on ne les confond plus avec les conditions particulières qui appartiennent en propre à la vérité individuelle, dont la découverte fortuite a décelé l'existence d'un ordre de phénomènes longtemps inaperçu. L'expérience est consultée : on cherche d'abord à multiplier les faits, en variant les circonstances dans lesquelles ils peuvent se manifester. Le sentiment intime de l'analogie avertit l'observateur de l'existence des lois qu'il n'aperçoit pas encore, et il s'applique à séparer les circonstances qui compliquent les résultats, en cherchant pour chacune d'elles les plus grandes et les moins grandes influences. Alors les faits se classent, ils présentent un enchaînement, un ordre. Les lois dont l'existence avait été prévue se manifestent, et une branche nouvelle de la science vient s'ajouter à des connaissances plus anciennes. A cette période, on n'en possède cependant encore que la partie expérimenmentale. La théorie est créée, lorsque la nature des faits s'étant prêtée à une expression analytique, on est parvenu à tirer de cette expression des conséquences conformes à l'expérience ; et les formules nées des premières observations revêtent ensuite l'existence de faits encore inconnus.

Aujourd'hui que diverses branches de la physique sont entrées dans le domaine des sciences mathématiqnes, on voit avec admiration les mêmes intégrales, à l'aide des constantes fournies par divers genres de phénomènes, représenter des faits entre lesquels on n'aurait jamais supposé la moindre analogie. Leur ressemblance devient alors sensible ; elle est intellectuelle ; elle dérive des lois de l'être ; et ce qui fut autrefois le rêve d'une imagination hardie, incertaine encore des formes qu'elle osait revêtir, l'identité des rapports, de l'ordre et des proportions dans les existences les plus diverses, vient se montrer aux yeux en même temps qu'à la pensée, avec l'évidence qui appartient aux sciences exactes.

Mais les lois de l'être ne régissent pas seulement les faits qui sont du domaine des sciences : Elles s'appliquent également à l'ordre intellectuel. C'est en s'approchant de plus en plus du type de l'être ou du vrai, source de toutes nos connaissances réelles, que les théories se perfectionnent, que la morale s'épure, que la politique s'éclaire, que la métaphysique cesse de s'égarer, que la littérature et les beaux-arts se rendent compte des règles qu'ils ont pratiquées et des grands efforts qu'ils savent produire.

Malgré l'extrême différence des genres, toutes ces choses ont entre elles des rapports d'ordre et de proportions qui deviennent d'autant plus sensibles qu'elles sont examinées de plus près. Si par des progrès qui semblent encore aujourd'hui au-delà de toutes espérances raisonnables, la langue des calculs devenait applicable à des questions morales, politiques, métaphysiques, ou à celles qui tenant de plus près à notre manière de sentir, composent le domaine du goût, la ressemblance des formules rendrait évident que des objets si divers ont entre eux la ressemblance que leur imprime les lois de l'être. Leur nature spéciale serait représentée par des constantes, toutes les propositions relatives à chaque sujet seraient exprimées par des fonctions dont les formes se reproduiraient sans cesse et offriraient, par leur idendité, la preuve complète des ressemblances intellectuelles dont nous parlons.

Choisissons un exemple, qui puisse faire mieux comprendre notre proposition.

Nous voyons dans différents genres de phénomènes que la tendance à la régularité se manifeste par les formules qui leur sont applicables: car les termes qui expriment l'irrégularité renferment la durée, de manière à montrer que, après un temps fort court, ils doivent disparaître. Eh bien, ce théorème relatif à la courte durée de l'action des causes perturbatrices, serait attesté, dans notre supposition par les formes du calcul.

On verrait, en morale, combien peu doivent durer les effets de la fraude, du mensonge et de l'injustice. Il deviendrait sensible que le vrai et le juste tendent sans cesse à faire disparaître les obstacles qui s'opposent à leur manifestation.

En politique, on distinguerait parmi les causes qui agissent sur le système, quelles sont celles qui, étant dues à des forces toujours croissantes, doivent finir par prédominer, tandis que des causes accidentelles dont l'effet est fort grand à un instant donné, doivent au contraire cesser entièrement leur action après un temps fort court.

Dans les sciences de raisonnement, on trouverait également que l'erreur tend à disparaître. En matière de goût, la mode est une cause perturbatrice. Aussi son empire n'est-il pas de longue durée.

Il est donc vrai, que quelque divers que soient les sujets, les actions qui troublent l'ordre naturel tendent à s'anéantir.

L'analogie qui se fait remarquer entre les différents objets dont nous avons connaissance ne se borne pas à un seul point. On pourrait affirmer, par exemple, que la mécanique rationnelle tout entière offre, avec les sciences politiques, des ressemblances telles que les théorèmes dont se compose la première deviennent par rapport aux secondes, des propositions dont la vérité est incontestable.

Ainsi l'équilibre entre plusieurs forces vient de ce que l'action des unes est opposée de direction et égale en puissance à celle des autres. Elles se composent et se décomposent; elles produisent alors des résistances dans un sens qui n'est pas celui de leur action directe. La même chose a lieu à l'égard des forces qui naissent de l'état de société. Si elles sont opposées de direction et égales en puissance, l'état de repos se maintient de lui-même. Il y a de l'art à changer le sens dans lequel elles agissent, en leur opposant des obstacles. Le parallèlogramme des forces pourrait servir d'emblême à ce genre d'adresse.

Lorsqu'un système est en repos, cet état peut être dû à des conditions essentiellement différentes. Si une cause extérieure vient à agir sur le système, ou il tendra à reprendre sa position initial, et l'équilibre se rétablira au moyen d'oscillations dont l'amplitude diminuera à chaque instant; ou bien le mouvement communiqué éloignera de plus en plus le système de sa position initiale et ce système ne reviendra à l'état de repos qu'après être parvenu à une situation entièrement différente.

Les deux cas d'équilibre stable et d'équilibre non stable se font également remarquer dans l'état social. On voit des causes propres à l'agiter, produire tantôt de légers mouvements qui cessent d'eux-mêmes, tantôt des révolutions complètes qui ne permettent à l'état de paix intérieur de renaître qu'après de grands changements dans l'ordre social.

Si on veut pousser la comparaison plus loin, l'analogie ne se démentira pas.

L'équilibre stable a lieu lorsque tous les points du système ont atteint la situation qui convient à leur tendance naturelle. L'état de tranquillité est durable, lorsque tous les individus qui composent la société, sont dans la situation qui convient à leur tendance naturelle.

L'équilibre est non stable, quand il est établi sur un point où il ne peut subsister qu'autant de temps qu'il est à l'abri de tout choc. Le moindre dérangement venant à rendre aux points qui le composent la liberté de se mouvoir dans la direction de leur tendance naturelle, l'état initial doit finir par être changé en un état opposé au premier ; en sorte que le mouvement ne puisse cesser avant que ce nouvel état qui n'est autre que celui qui constitue l'équilibre stable, ait • remplacé l'état initial.

Les états gouvernés sans égard aux tendances sociales conservant la tranquillité intérieure aussi longtemps qu'aucun événement ne vient agiter les esprits ; mais la moindre circonstance suffit pour ébranler la société jusque dans ses fondements. Nous voyons alors chaque volonté individuelle recevoir une impulsion nouvelle, et les mouvements qui en sont la suite subsister jusqu'à ce que l'état reconstitué sur des bases plus solides, offre à chacun les garanties dont il avait senti le besoin.

Dans un système de points doués de pesanteur, chacun tend à se placer aussi près que possible du centre de la terre. La situation qu'ils atteignent n'est pas celle qu'ils obtiendraient s'ils étaient libres, mais elle dépend à la fois de leur liaison et de leur tendance individuelle. — Dans l'état social, chaque individu tend vers le bien-être, et la première condition à remplir est que le bien être de chacun nuise le moins possible à celui des autres.

L'équilibre d'un système exige que le centre de gravité soit appuyé. S'il se trouve placé le plus bas possible, l'équilibre est stable. — Le repos d'un état serait impossible à maintenir si l'on n'avait aucun égard à la tendance de l'époque, ou, ce qui est la même chose, à l'opinion. Il faut, ou lui opposer de puissants obstacles, ou savoir se conformer à ses exigences. Ces deux manières d'envisager la question conduisent à la tranquillité précaire ou à la tranquillité durable.

Considérons présentement les effets de l'impulsion.

Si la direction du mouvement communiqué à un système de corps, passe par le centre de gravité du système, il sera mû comme si tous les points qui le composent étaient réunis en un seul, et la force tout entière sera employée à produire l'effet qu'on en attendait.

— De même aussi, lorsque l'action du gouvernement est dirigée dans le sens de l'opinion, la société semble se mouvoir comme un seul individu qui agirait conformément à ses intérêts, et les forces de l'État sont employées toutes entières au profit de la prospérité générale.

S'il arrivait que la direction du mouvement fut différente, la force serait décomposée en deux portions : L'une, celle dont la direction passerait par le centre de gravité du système, agirait comme si elle était seule pour faire avancer le système dans la route où l'on aurait voulu le pousser ; tandis que l'autre portion de la force motrice entièrement perdue par rapport à ce but, n'aurait d'autre effet que de faire tourner le système autour de son centre de gravité. Enfin, si l'impulsion avait été assez maladroite pour que la première portion de la force motrice fut nulle, le système n'aurait aucun mouvement progressif ; la force de rotation subsisterait seule, et il serait dans la nature de cette force de tendre à détruire la liaison entre les diverses parties du système. — Nous voyons de même l'action des gouvernements être en partie favorable et en partie nuisible, lorsqu'ils satisfont en quelques points à l'opinion publique qu'ils contrarient sous d'autres rapports. S'il pouvait exister une administration assez mal avisée pour agir en toutes circonstances dans des directions opposées à l'opinion, ou, ce qui est la même chose à l'intérêt public, l'état éprouverait une agitation intérieure qui tendrait à le dissoudre. Ainsi, par exemple, il se pourrait qu'à la première occasion, les provinces frontières favorisassent les prétentions de l'état voisin qui voudrait les envahir : car en politique aussi bien qu'en mécanique, les points de limites sont ceux qui se trouvent le plus agités dans les mouvements dont nous parlons. Les forces tangentielles sont nulles au centre du système ; le désir de la séparation serait absurde dans les capitales.

Les sociétés sont composées de trois élements principaux. On y trouve des intérêts, des passions, de l'inertie. Les individus réunissent quelquefois les trois manières d'être correspondantes ; mais l'une d'elles domine le plus souvent, et elles forment autant de caractères différents. Ces trois caractères présentent des ressemblances avec la manière dont se comportent les corps durs, élastiques et mous. Ainsi on voit les personnes exclusivement occupées de leurs intérêts tenir obstinément à la route qui conduit au but qu'elles veulent atteindre, et résister à tout mouvement contraire, en sorte que l'obstacle qu'elles rencontrent ne les détermine à changer de direction que lorsqu'il a détruit toute leur force. Au contraire, les personnes mues par leur passions prennent au moindre obstacle un parti inattendu, elles changent de route et agissent d'une manière toute contraire à celle qu'elles avaient d'abord adoptée.

Enfin nous voyons certains caractères amis du repos souffrir des lésions réelles, plutôt que de songer à réagir.

Dans les temps de tranquillité, les intérêts dominent. L'administration doit tendre à les protéger, et ce soin semble ne devoir pas offrir de grandes difficultés, car il est dans la nature des intérêts d'indiquer eux-mêmes les mesures qui leur sont favorables. Leur direction est connue et invariable; ils servent de base à l'opinion.

Mais que le repos intérieur de l'état soit troublé, les passions aisément maintenues dans l'état de paix, viennent augmenter le trouble. Elles agissent dans mille directions à la fois ; on ne sait où elles tendent, et il est fort difficile de prévoir quel sera le résultat de leur choc.

On n'a pas encore imaginé de faire une statistique des caractères, mais on peut être sûr qu'il y a un assez grand nombre d'hommes qui agissent toujours conformément à leurs intérêts plus de cinquante sur cent, je pense. L'autre partie est partagée en deux portions : l'une composée des êtres irritables pour qui les intérêts semblent toujours méprisables comparés à l'objet de leurs passions. Suivant les âges et les positions, ces passions peuvent prendre des caractères différents ; mais l'amour-propre est la plus constante de toutes. L'autre portion est formée des personnes qui se rendent aisément esclaves de leurs habitudes, craignent tout ce qui les pourrait changer ; ceux-ci ne connaissent ni l'ambition des richesses, ni celle de la gloire, ni les affections vives : ce sont des genres inertes.

Mais il n'existe dans la nature morte aucun corps parfaitement dur, c'est-à-dire, qui ne puisse changer de formes sous des efforts puissants et répétés ; aucun corps qui soit parfaitement élastique, c'est-à-dire, qui ne retienne rien de la direction dans laquelle on le pousse, aucun corps parfaitement mou, c'est-à-dire, aucun corps que le choc ne puisse faire changer de place, et qui absorbe toute la force employée par le seul changement de forme qu'il subit. De même on ne voit pas non plus de gens tellement attachés à l'intérêt qu'en certains moments de leur vie, ils ne puissent agir par d'autres motifs. Les hommes passionnés cèdent quelquefois à leurs intérêts, et les personnes naturellement amies du repos peuvent trouver dans les choses et dans les personnes qui les environnent, matière à exciter en elles le désir de la richesse, celui de la renommée ou de l'affection. Les passions de ces dernières seront faibles ; mais enfin elles peuvent n'être pas sans effets extérieurs.

Eh bien, le trouble d'un état rompt la balance habituelle entre les trois nombres qui représentent ces caractères différents. Tous les individus reçoivent une impulsion qui les transforme en gens passionnés. Le mouvement se distribue sans doute inégalement entre eux, mais il est extrêmement difficile d'évaluer la force des masses composées d'éléments nouveaux.

Les directions sont incertaines et variables. L'agitation se manifeste surtout dans des actions instantanées, et cette circonstance redouble la difficulté. En effet, aux époques de paix et de tranquillité publique, ceux qui tiennent les rênes ont tout le temps nécessaire pour résoudre les mesures qu'ils doivent prendre. Des lumières, de l'habitude des affaires, l'intention de faire le plus de bien avec le moins de mal possible, suffisent pour gouverner avec habileté. Dans les moments de crise c'est toute autr chose. Les circonstances deviennent pressantes ; il faut savoir résoudre promptement. On a souvent aussi besoin de courage, et le courage ne se trouve pas nécessairement joint aux qualités qui font l'homme habile. La société court donc mille dangers qu'il est aussi difficile d'éviter que de prévoir.

Ajoutons que des individus doués de grandes forces par la nature, se trouvaient placés durant le calme dans des positions qui annulaient ces forces, tandis qu'à la faveur du trouble, ils apparaissent de tous côtés armés d'une énergie jusque là inconnue. De tels individus n'avaient pas prévu qu'ils sortiraient un jour de la nullité à laquelle leur position sociale les avait condamnés ; ils ne se sont livrés à aucune étude spéciale avant de prendre place parmi les hommes qui influeront sur le sort de leurs semblables ; et les partis violents sont les seuls qu'ils puissent adopter parce qu'ils y trouvent l'emploi de leurs forces et sont dispensés de l'adresse qui serait le fruit des connaissances qui leur manquent.

L'égalité est une erreur, et la mécanique vient encore ici nous suggérer une analogie nouvelle. Deux masses de même poids peuvent avoir des forces vives très-différentes. Le plus petit poids placé au bout d'un levier fera équilibre à une masse aussi forte qu'on voudra ; il ne s'agit que d'établir l'égalité entre les forces virtuelles.

Nous voyons la même chose dans les sociétés, et les révolutions ne sont si dangereuses si hasardeuses, si incertaines dans leurs résultats, que parce qu'elles changent tout à coup les rapports entres les forces vives des différentes classes de la société. A la vérité, et nous l'avons dit plus haut, ce que les révolutions ont de violent et d'irrégulier disparaît bientôt en vertu de ce théorème général qui montre que, en toutes choses, les forces perturbatrices sont fonctions du temps et que la régularité tend à s'établir dans tout système de quelque nature qu'il puisse être.

Si nous voulons présentement jeter un coup d'œil sur les ressemblances qu'offrent entre eux ce qu'on nomme les ordres physique, moral et intellectuel, nous trouverons des analogies remarquables.

Sans le secours de ces analogies le langage figuré n'aurait pu naître. Elles ont été senties dans tous les temps ; et peut être même n'aurait-on rien d'essentiel à ajouter aux remarques de ce genre, que l'examen des langues a suggérées. Contentons-nous d'observer combien sont judicieuses ces applications du langage propre au langage figuré.

La force morale et la force intellectuelle se comportent, en effet, comme la force physique Il y a de part et d'autre des compositions et des décompositions analogues. Ainsi nous voyons nos diverses facultés concourir à un seul fait moral et intellectuel, comme il arrive à des forces de diverses natures et de directions différentes de donner une résultante qui, dans sa valeur et dans sa direction, représente la véritable force motrice.

Mais cette justesse d'expressions paraît encore plus frappante lorsque, fondée sur un premier rapport apparent et commun elle se soutient à l'égard des rapports qu'on n'avait pas eus d'abord en vue. Prenons un exemple. Au physique, on appelle monstre un être difforme; cette expression transportée au moral s'applique aux êtres vicieux, parce que le vice est en effet une difformité morale. Lorsque la langue s'est formée l'anatomie n'existait pas. Cette science nous a appris que la monstruosité a pour cause le dévelopement extraordinaire de certains organes qui attirant à eux toutes les forces de la vie privent les autres organes de la nourriture nécessaire au développement qu'ils acquièrent dans l'état ordinaire. En examinant de plus près les êtres qui effraient les sociétés par de grands attentats ou même ceux qui les troublent par des désordres habituels, nous trouvons que des qualités hors de mesure les entraînent soit à des forfaits, soit seulement à une infraction des lois des sociétés. De telles qualités absorbent leur moralité : ils manquent d'autres qualités qui dans des individus moins généreux, moins courageux, entretiennent l'amour de la ustice et celui de l'ordre.

On pourrait trouver d'autres exemples du même genre. Ils attestent cette vérité fondamentale qu'un seul rapport bien constaté entre deux sujets de genres différents en annonce un grand nombre d'autres. Je ne sais si cette proposition énoncée formellement ne paraîtrait pas hasardée, mais chacun raisonne pourtant comme si elle était indubitable. Elle renferme le principe de l'analogie, principe qu'un de nos auteurs a appelé méthode d'invention, et qui sans lui refuser ce noble caractère, peut être regardé comme également propre aux emplois les plus communs, puisqu'il dérive du sentiment des lois de l'être dont le caractère est partout semblable.

L'habitude de l'étude nous donne une grande aptitude à saisir les analogies, et c'est en quoi elle nous sert à acquérir avec facilité des connaissances nouvelles. Aux premiers mots sur un sujet encore inconnu, notre esprit cherche à en fixer la nature ; c'est-à-dire, qu'il cherche à quel module nouveau il va appliquer les lois qui conviennent à tous. Ce point étant fixé, notre esprit avance à grand pas dans la route qui s'ouvre devant lui. A chaque instant, la règle de proportion trouve mille applications, et si l'analogie sert à l'invention, elle n'est pas moins utile à l'étude des sciences déjà faites. Je n'approuve pourtant pas qu'on lui applique la dénomination de méthode. L'analogie n'est pas d'invention humaine, elle existe par elle-même. Notre intelligence est propre à la reconnaître. Elle aide nos premiers efforts, elle instruit l'enfant. Quelquefois aussi elle l'induit en erreur ; et quoiqu'il ne s'agisse alors que des idées les plus communes, il est facile de voir que les déviations de nos premiers jugements sont produites par la même cause qui a enfanté les systèmes hasardés. Partout la tendance à la généralisation, dont la cause première est le sentiment intime de l'unité de l'être, a précipité le jugement en avant de l'expérience dont il aurait dû attendre les données.

Il nous reste à présenter quelque considérations sur l'état des lettres aux diverses époques dont nous avons examiné les opinions systématiques.

On sait que les anciens, si mal informés des phénomènes naturels, si ignorants à l'égard des lois qui régissent les faits qu'ils ne pouvaient pas ignorer, et si fertiles pourtant en généralités propres à embrasser l'univers entier, avaient atteint la perfection dans tous les genres d'écrire. Ne nous en étonnons pas. Le sentiment du beau était pris dans les lois mêmes de la nature intellectuelle de l'homme; les observations n'avaient besoin ni du secours des instruments imaginés par les modernes, ni de la constance et de la maturité de raison, qui chez ces derniers semble avoir remplacé cette fraîcheur d'imagination, qui dût, peut être, à son entière indépendance ce qu'elle eut de force et de grâce,

L'art d'émouvoir et celui de plaire n'ont besoin que de la connaissance des choses humaines. Il était dans la nature de l'esprit humain de se réfléchir d'abord vers lui-même.

S'il a pu errer en y cherchant le modèle de l'univers et le but, la cause finale de toutes les existences placées en dehors de la sienne, il ne pouvait se tromper par rapport aux lois de son être. A cet égard, l'homme s'est trouvé naturellement placé dans la position qu'il n'a prise que fort tard par rapport aux objets extérieurs. Il a observé les faits intellectuels ; ils étaient trop près de lui pour qu'il ne sut pas les bien voir.

Le génie qui sait à son gré reproduire et transmettre des impressions profondes, ne pouvait manquer de manifester sa puissance aussitôt que l'homme, placé dans l'état social, s'est trouvé environné de ses semblables.

Sans doute, le goût est le fruit d'un grand nombre d'observations ; et il n'a pu être fixé que longtemps après l'apparition des premiers ouvrages qui en offraient le modèle. Mais enfin, quelle que soit la variété des genres, on sait pourtant qu'il ne pouvait pas se passer un temps immense avant que les observations, les remarques et les comparaisons se trouvassent assez multipliées pour avoir fourni à l'intelligence humaine tout ce qu'elle est susceptible d'acquérir dans un genre d'études exempt par sa nature des causes d'erreurs qui l'avaient égarée dans des recherches où l'objet de ses études était placé hors d'elle.

Nous avons cherché à imiter la littérature des anciens ; nous avons adopté des fictions poétiques qui ne se rattachaient plus, pour nous, à des systèmes accrédités ou à des croyances adoptées. Ces fictions, jadis si riantes, étaient décolorées lorsqu'elles passaient dans les écrits d'une nation qui ne les avait pas imaginées. Leur signification était énigmatique et conventionnelle pour nous, tandis qu'elle était pleine de sens et de vie entre les mains des inventeurs. A une époque où l'imagination dominait toutes les conceptions humaines les emblèmes dont nous nous efforçons de faire revivre la grâce, prêtaient un véritable secours aux conceptions du poète et un charme réel à ses écrits. Aujourd'hui ces formes de style ne sont plus en harmonie avec notre caractère national. Aussi voyons-nous une école nouvelle faire mille efforts pour créer une littérature qui nous soit propre.

L'époque où nous vivons est remarquable par l'invasion des formes mathématiques dans les ouvrages qui par leur nature sont loin de pouvoir atteindre l'exactitude à laquelle de telles formes sont spécialement propres. Il résulte de l'emploi maladroit des termes qui expriment une entière certitude une sorte de déception intellectuelle dont la raison et le goût sont également choqués.

Les personnes qui ne connaissent des sciences exactes que leurs premiers éléments ont cru pouvoir reprocher aux géomètres une sécheresse de style qu'on a regardée comme inhérente au genre de leurs études. Il est certain cependant que les ouvrages consacrés à l'exposition des hautes théories mathématiques présentent dans le style même un charme inexprimable. On y remarque une précision élégante, une extrême finesse, l'art de rendre présentes à la pensée une foule d'idées qui pourtant ne sont pas textuellement exprimées. Tous ces avantages disparaissent des grotesques copies qu'on introduit aujourd'hui dans le langage commun. On nous présente hardiment l'enveloppe sous laquelle nous sommes habitués à trouver des pierres précieuses; et cette enveloppe contient des choses de peu de valeur, que nous nous étonnons avec raison de voir dépourvues des ornements qui conviendraient au sujet. Pourquoi sont-elles astreintes aux apparences de la solidité, tandis que celles de la légèreté seraient en harmonie avec leur nature futile ?

Mais ce qu'il y a de plus vicieux, c'est l'emploi des chiffres là où ils n'expriment aucune valeur réelle. Ils usurpent le crédit dû aux connaissances positives, et servent à établir l'erreur, en donnant le change aux amis de la vérité. Après avoir renoncé aux genres de lecture dont les formes faciles et attrayantes sont propres à soutenir l'attention et qui d'ailleurs présentent l'avantage d'être conformes à leurs habitudes, les personnes se laissant entraîner par l'amour des idées exactes dont le besoin se fait actuellement sentir plus généralement qu'à aucune autre époque, quand elles consentent à dévorer la sécheresse attachée aux études élémentaires, mériteraient de trouver dans les auteurs qui leur servent de guides, cette conscience du vrai sans laquelle il est impossible d'atteindre à aucun résultat important.

Les nations éprouvent aujourd'hui le sort des individus qui se livrent pour la première fois aux études sérieuses. Elles sont encore incapables de juger les ouvrages qui leur sont présentés, et elles s'indemnisent de la peine qu'elles prennent à les étudier par une confiance aveugle dans les doctrines qu'elles trouvent, et par le mépris des formes qu'avaient autrefois adoptées les auteurs qui leur promettaient une instruction moins solide.

Le pédantisme était jadis le défaut ordinaire des personnes adonnées à l'étude. Maintenant la plus obscure médiocrité, reléguée, dans les provinces éloignées, du centre des mouvements progressifs de la science, offre seule quelques traces de cet ancien défaut. Mais en revanche ce sont des masses entières qui nous donnent le spectacle d'une confiance illimitée dans leurs lumières et d'un mépris absolu pour les personnes qui, fidèles à d'anciens documents, sont restées étrangères à ce qu'on nomme aujourd'hui les nouvelles idées.

La jeunesse surtout renchérit sur cette ridicule manie. Elle se croit beaucoup trop instruite pour ne pas dédaigner le ton aimable de plaisanterie, qui, chez notre nation, accompagnait autrefois une instruction réelle et des opinions éclairées. La littérature a besoin du secours des idées dominantes pour obtenir l'attention de ces graves censeurs.

Il n'est pas permis de faire rire, si ce n'est aux dépens des personnes qui se montrent ennemies des innovations. La raillerie est amère, elle a perdu la grâce qui savait en adoucir les traits.

Ne nous alarmons pas de ces symptômes : ils ne seront que transitoires. Nous approchons de l'époque où le goût du public pour les idées exactes déterminera le talent à s'occuper des théories politiques. Lorsque la vérité aura trouvé des organes dignes d'elle, elle paraîtra simple. Il sera alors facile de la reconnaître. Par sa nature elle est étrangère à l'emphase qui accompagne les doctrines sentencieuses de nos pédants. Bientôt on verra la politique recueillant le petit nombre de vérités qui sont à son usage adopter les formes qui conviennent à sa nature. Agissant comme toutes les sciences qui ont besoin du secours de l'expérience, elle craindra d'énoncer des théories générales avant d'en avoir justifié la réalité. On verra alors ces progrès immenses dont on fait tant de bruit se réduire à n'être autre chose que le développement d'idées contenues dans les ouvrages de nos prédécesseurs. On les trouvera à la vérité revêtues de formes nouvelles ; mais il sera clair que ces formes sont celles que les sciences modernes ont adoptées. Pendant un temps, une partie des connaissances humaines se distinguaient des autres branches de la culture intellectuelle par une méthode sévère, tandis qu'on retrouvait partout ailleurs les idées les plus heureuses unies aux conjectures les plus hasardées, traces des premiers essais de la pensée. Après ce temps l'homogénéité qui fut le caractère des travaux des anciens, dominés dans tous les genres par l'imagination, finira par se retrouver dans les travaux modernes, assujettis à la marche méthodique qui doit conduire à la connaissance certaine des vérités propres à chaque genre d'étude.

Les lettres ont perdu de leur éclat ; elles n'attirent plus vers elles l'attention des peuples ; elles ne sont plus l'objet de l'enthousiasme de la jeunesse. La poésie, si elle ne trouve moyen de se rattacher à quelques unes des idées qui intéressent les discussions politiques est également dédaignée. Comment dans cette disposition des esprits, l'homme de génie pourrait-il trouver d'heureuses inspirations ?

Mais un jour plus pur ne tardera pas à renaître. L'analogie exige que toutes les branches du savoir humain reçoivent des développements, pour ainsi dire, parallèles. L'attention se portera successivement sur chacune d'elles jusqu'à l'époque où leurs progrès devenant comparables, elles obtiendront toutes ensemble le degré d'intérêt dû à leurs valeurs respectives.

Aussi voyons-nous l'élève occupé d'acquérir les connaissances diverses qui doivent composer l'éducation achevée, diriger son attention tantôt vers un genre d'études, tantôt vers un autre tout différent du premier. Chaque objet nouveau attire toutes les forces de son esprit. Il semble être devenu étranger à ce qu'il sait déjà, et on le croirait incapable d'aborder des questions qui lui sont encore inconnues. Cependant il arrive une époque où chaque chose reprend à ses yeux son importance véritable. Il voit des liaisons et des ressemblances là où il n'avait d'abord aperçu que des divisions et des différences. L'esprit humain touche à une période semblable. Bientôt le tableau des sciences, des lettres, des beaux arts présentera au spectateur attentif une symétrie méthodique, qui lui permettra d'embrasser d'un seul coup d'œil l'œuvre de l'esprit humain. L'analogie qui a produit autrefois pour les sciences des systèmes hasardés et pour les lettres des allégories ingénieuses ou des comparaisons pleines de grâce, prendra une force nouvelle. Elle ne s'arrêtera plus à la superficie des choses, pour y chercher les ressemblances qui s'offrent à la première vue. Elle pénétrera leur nature, et le type du vrai offrira dans les sujets les plus divers, le caractère général de toutes connaissances certaines.

Nous avons traité plus haut de la révolution qui s'est opérée dans la manière dont nous envisageons les sciences physiques. Nous avons dit comment les méthodes géométriques ont étendu leur empire, en portant la certitude qui leur est propre dans des régions qui furent longtemps le domaine des idées systématiques. Les sciences morales et politiques ne tardèrent pas à subir la même transformation. Déjà l'opinion publique s'attend à ce changement, et en devance même la réalisation par un enthousiasme irréfléchi pour les doctrines qui lui en offrent l'espérance. Cette erreur passagère est exempte de danger : elle sera peu durable, et le goût dont elle est le symptôme sera bientôt pleinement satisfait. Les méthodes existent ; une difficulté née de l'amour-propre peut seule en retarder l'emploi. Les hommes en état de traiter de pareilles questions craignent de n'être pas estimés de leurs pairs, et de ne pas rencontrer de juges éclairés dans les personnes étrangères aux sciences.

Un pareil obstacle ne peut subsister longtemps. Nous pouvons regarder dès à présent les sciences morales et politiques comme appartenant au domaine des idées exactes.

Mais l'analogie se montrera dans tout son charme et dans toute sa puissance lorsque l'esprit d'examen entreprendra de comparer la manière d'agir des lettres et des arts. Lorsque portant ensuite ses regards vers les modèles offerts par le spectacle de la nature, il trouvera de tous côtés des copies sans cesse renouvelées de ce modèle du vrai qui appartient à notre être, qui est la source de tous nos plaisirs intellectuels, et qui réfléchi autour de nous, devient la cause des impressions que nous recevons des objets dont est frappée notre imagination. Si le génie sait produire à son gré les émotions qui se ressemblent et sont dues cependant à des causes qui diffèrent comme les moyens constitutifs d'autant d'arts séparés, il doit cette puissance au principe de l'imitation; et l'imitation dérive du sentiment d'analogie.

S'il n'existait pour nous aucun type commun entre les divers objets dont nous recevons l'impression, les arts auraient pu copier les objets extérieurs, et les lettres auraient pu redire les événements dignes d'attention ; mais ni les uns ni les autres n'auraient su, en employant des moyens qui ne leur auraient pas été immédiatement fournis par le sujet, reproduire une impression semblable à celle qui vient des choses existantes.

Les lois de l'être établissent de certains rapports entre un module donné et tout ce qui tient au sujet auquel ce module appartient. Ce sont ces rapports qui agissent sur notre imagination. L'âme peut être affectée de la même manière par l'entremise de sens différents, parce qu'elle reçoit alors le même ordre d'idées.

Ainsi l'éloquence, l'art musical et la pantomime procèdent d'une manière analogue. La peinture ne dispose que d'un seul instant ; mais elle sait le choisir de façon à rappeler ceux qui ont précédé, et à faire pressentir la suite de l'action que le tableau représente.

Si on excepte un petit nombre de cas dans lesquels l'auditeur est préparé, par les circonstances du moment, à prêter toute son attention à l'orateur, celui-ci commence son discours avec calme. — Le musicien agit de même. Au commencement de sa pièce, il emploie une modulation simple et réserve aussi les mouvements expressifs pour la suite de l'action !

Dans le spectacle de la nature, nous retrouvons la même gradation. Le lever du soleil est précédé d'un crépuscule et un autre crépuscule annonce la fin de son apparition. Aussi voyons-nous l'écrivain et l'orateur terminer leur oraison avec la même simplicité qu'elle a été commencée. Une pensée d'éclat placée à la fin d'un discours laisserait l'auditeur dans une sorte d'éblouissement qui serait fatigante. Le goût, en s'épurant, a proscrit cette manière. L'influence de l'analogie est tellement sympathique que le musicien renonce également à nous faire entendre les bruyants accords par lesquels il était naguère d'usage de terminer l'acte de cadence. Dans les morceaux modernes, les dernières mesures préparent le repos absolu non pas seulement par la modulation qui doit amener la tonique, mais encore par la diminution d'intensité des sons employés sur la fin du morceau.

Nous allons voir combien il existe de ressemblance entre les manières pratiquées dans des arts qu'on a coutume de regarder comme entièrement étrangers l'un à l'autre.

Ainsi, en comparant avec plus de détails les grands effets produits d'un côté par le talent de l'orateur et de l'autre par celui de l'habile compositeur, nous aurons occasion de nous convaincre de l'identité des rapports qui agissent sur notre imagination. Une seule condition est nécessaire pour les apercevoir ; il faut être familier avec chacun des modèles qui servent de mesure commune à de tels rapports.

Les effets d'une grande puissance, frappent à la vérité les hommes les moins instruits, mais la finesse du tact a besoin d'exercice. Le goût, l'oreille sont susceptibles de se former, et souvent on se croit absolument incapable d'apprécier l'harmonie, uniquement à cause du préjugé qui sépare la musique du domaine de l'intelligence. Au contraire, personne ne veut paraître insensible aux beautés littéraires, et une éducation à laquelle on attache une haute importance, prépare l'homme du monde à porter des jugements raisonnables, ou au moins à savoir choisir les autorités qui doivent lui fournir les opinions qu'il pourra émettre sans honte. A l'égard de la musique, les choses se passent autrement. L'enfant qui n'éprouve pas une grande sensibilité aux premiers accords qu'on lui fait entendre est regardé comme n'étant pas organisé pour cet art. Souvent l'enseignement est mauvais ; l'on juge d'après le défaut de progrès que l'élève est incapable d'apprendre, et l'argument tiré de l'inutilité de l'art en lui-même fait qu'on l'abandonne bientôt.

Ainsi, à moins d'être assez heureusement né pour annoncer dès les premiers essais, des dispositions remarquables, l'enfant, si la famille n'est elle-même étrangère au goût de la musique, se trouve privé des secours qui l'auraient pu conduire à la connaissance des beautés en ce genre. Il est évident que si l'on agissait de la même manière par rapport aux lettres, les hommes doués d'une manière de sentir exquise seraient les seuls qui acquerraient la connaissance des chefs-d'œuvres littéraires. Je crois qu'il est également rare de voir l'enfant annoncer de grandes dispositions dans l'un ou l'autre genre. L'éducation et l'opinion rendent compte de la différence entre les nombres qui expriment combien il y a d'hommes capables de bien juger en littérature, et combien il s'en trouve qui sauront apprécier le mérite d'une composition musicale.

On croit avoir trouvé une objection fondamentale dans la disposition naturelle nécessaire pour juger la justesse d'un son. Mais, lorsqu'il ne serait pas certain que l'exercice apprend à distinguer les sons entre lesquels l'oreille ne trouvait d'abord aucune différence, il resterait encore une foule de choses qui, étant entièrement indépendantes du choix du module, pourraient être appréciées par l'homme doué d'intelligence et accoutumé à porter son attention sur les effets de la musique.

On ne comprend plus aujourd'hui que l'histoire nous apprend touchant l'influence des différents modes. Et comment parviendrait-on à s'en rendre compte lorsqu'on s'obstine à regarder la musique comme l'art de flatter l'oreille ? Réduite à cet unique usage, pourrait-elle être l'objet d'une attention sérieuse ? Aurait-elle pu produire les effets que les anciens nous racontent ? Mais ces merveilles cesseront de nous étonner, lorsque en comparant les moyens usités en musique à ceux que l'orateur doit employer, nous aurons mis dans tout son jour cette vérité, reconnue maintenant par un petit nombre de personnes, qui craignent même de l'énoncer : que la musique est une langue et une langue énergique. Elle emploie les sons. Mais les sons ne la constituent pas. Elle a ses phrases, ses périodes, ses règles, ses hardiesses. Ses beautés flattent l'oreille, mais ne s'y arrêtent pas ; elles pénètrent l'âme et peuvent exercer sur elle un empire véritable. Ainsi la poésie emploie des sons articulés agréables à l'oreille, et l'on aurait une idée fort incomplète du charme qui y est attaché, si l'on oubliait le sens des phrases pour ne s'occuper que de leur nombre.

La musique est toute métaphysique ; ses expressions sont générales, elle ne possède aucun nominatif. Elle ne peut exprimer que des sentiments, mais il est en sa puissance de mettre l'âme de l'auditeur dans la même situation que l'âme occupée d'un récit positif d'une action particulière.

Cette langue procède comme toutes les autres langues ; elle fournit des expressions de tous genres. Le compositeur doit comme l'orateur avoir une idée dominante. Il s'empare d'abord de l'auditeur en ne lui présentant que des phrases usitées que personne ne puisse s'étonner d'entendre. Elles amèneront le développement du sujet ; mais, à moins de circonstances particulières, elles ne l'expliqueront pas en entier.

Si le littérateur veut occuper son lecteur d'idées gracieuses et soutenir l'attention, sans produire aucune impression qui puisse troubler le repos de l'âme, ses phrases auront de l'harmonie, il rejettera toute expression ambitieuse. Il sera constamment pur et jamais recherché. — Le compositeur qui se propose le même but emploiera des moyens tout pareils. Sa composition sera toujours correcte, elle sera simple. L'oreille ne s'étonnera d'aucune des phrases qui lui seront offertes, mais un charme soutenu fera pénétrer dans l'âme le sentiment de la grâce.

L'homme de lettres vient-il composer un ouvrage propre à égayer le lecteur, il connaîtra l'art d'amener les contrastes ; mais s'il craint de tomber dans le burlesque, il évitera les tours de phrases et les expressions qui conviendraient à la peinture d'un sujet tragique. L'orateur se propose un but plus important que d'entretenir l'âme de ses auditeurs dans une situation douce et calme, ou de faire naître la gaîté autour de lui ; mais la conversation des personnes aimables, n'a pas besoin d'autres effets pour nous plaire et nous attacher.

De telles conversations peuvent nous donner lieu de remarquer que la plupart des choses qui, dites d'une certaine manière, ont le caractère de la grâce, deviennent, au moyen de faibles changements et d'une autre manière de les dire, propres à prendre le caractère de la gaîté. Ce rapport entre la grâce et la gaîté est sensible dans les compositions musicales. Les mêmes modes, les mêmes coupures de phrases y sont employés dans l'un et l'autre genre, et le changement de mouvement tient la place de celui des manières de dire. Plus de vitesse suffit pour donner le caractère de la gaîté à une composition qui, exécutée plus lentement, eût été simplement gracieuse. Mais, en musique comme en littérature, la grâce exclut les contrastes qui conviennent à la gaîté, comme la gaîté, sous peine de tomber dans le burlesque, rejette le genre de contrastes réservé à l'expression des grandes émotions.

Les rapports que nous venons de remarquer entre deux situations de l'âme où elle est dans un état de bien-être, se font également sentir entre celles où l'âme éprouve un sentiment de tristesse.

La mélancolie et le désespoir peuvent être produits par une seule et même cause. Il arrive même que ces deux manières d'être affecté se succèdent, alternent et se reproduisent chez le même sujet jusqu'à ce que l'impression reçue, s'affaiblissant peu à peu, éloigne ou même fasse disparaître l'accent du désespoir pour ne plus conserver que l'expression d'une tristesse susceptible de distraction. Alors la mélancolie n'a plus le caractère de l'abattement ; elle devient douce, et quelquefois chère aux personnes qui en sont affectées.

Ces différents genres liés entre eux par une origine commune, inspirent à l'homme de lettres, au poète et à l'orateur des compositions qui ont aussi entre elles des rapports sensibles et pourtant des caractères divers.

La sombre mélancolie exprime les mêmes idées que le désespoir. Dans la simple conversation, le passage de l'un à l'autre peut être uniquement marqué par le ralentissement et la précipitation du discours. La même chose est vraie par rapport aux compositions musicales de peu d'étendue. Une complainte dans laquelle le caractère d'une sombre tristesse se trouverait fortement exprimée ferait entendre les accents du désespoir, si on en précipitait le mouvement.

En littérature, aussi bien que dans l'art musical, les choses se passent autrement lorsqu'il s'agit de compositions plus importantes. Les caractères sont alors distincts et une bonne composition dans un des genres deviendrait ou faible ou tout à fait mauvaise si l'on se contentait de changer la manière de les dire.

Il est facile de comprendre la raison de cette différence de facture entre les grandes compositions et celles qui ont peu d'étendue, et je pourrais dire peu d'importance sous le rapport de l'art.

Les sentiments douloureux qui produisent les deux affections dont nous examinons l'expression se manifestent également par l'une et par l'autre. Notre manière de sentir ne nous permet pas de demeurer longtemps dans la situation violente qui caractérise le désespoir. Cette situation déchirante amène une fatigue extrême ; et si elle n'est pas portée à un degré d'exaltation assez fort pour troubler entièrement nos facultés intellectuelles, la fatigue forcera notre âme à prendre quelque repos. Ce genre de repos n'est pas celui du bien-être : il approche de la stupidité. C'est l'abattement de la douleur, c'est une mélancolie sombre, une tristesse profonde.

Quel que soit le genre de composition destiné à reproduire de telles impressions, il est assujetti à se conformer aux besoins de notre sensibilité. Il doit donc employer alternativement la peinture de l'extrême tristesse et celle du désespoir. Ainsi ces deux aspects différents d'un seul et même sentiment se trouvent, pour ainsi dire, opposés l'un à l'autre et dans un tel degré de rapprochement que la comparaison en devient inévitable. Il convient alors d'établir entre leur expression d'autres différences que celles du mouvement.

La nature de ces affections en offre le moyen. Non seulement l'abattement s'exprime avec lenteur, mais une sorte de monotonie lui convient. Le poète, l'orateur choisiront des syllabes douces, faciles à prononcer et dont l'émission semble exiger peu d'efforts.—Le musicien aura recours à des notes de même valeur; en sorte que les sons qu'il fait entendre produisent sur l'âme un effet voisin du silence absolu, silence qui produirait la préoccupation dont on doit nous faire connaître l'existence.

L'attention à suivre ces règles offre le double avantage de renforcer l'effet qui serait produit par le seul changement dans la manière de dire, et de préparer une opposition plus frappante entre les accents de la plus profonde mélancolie et ceux du désespoir.

De même aussi les affections violentes, lorsqu'elles devront se montrer dans une même composition à côté de la sombre douleur, trouveront d'autres nuances que celles qui résulteraient de la seule précipitation du mouvement,

Des expressions fortes et énergiques, des notes dures à l'oreille, avertiront l'âme de l'exaltation nouvelle produite par le sujet.

Le poète, l'orateur, l'auteur dramatique, littérateur ou musicien, tirent leurs grands effets de l'art avec lequel ils savent amener un mot, une note inattendus. L'âme de l'auditeur s'était identifiée avec le développement d'une action, qui lui était pour ainsi dire présente. Tout à coup elle voit avec surprise un incident nouveau qui en renforce l'impression ; elle se trouble à la vue d'un surcroît de malheur, dont elle ne peut plus mesurer l'étendue. Dans cette manière de procéder, nos auteurs suivent l'ordre établi par la réalité des événements, qui peuvent affecter notre sensibilité. Il arrive, en effet, tous les jours qu'un détail nouveau, une circonstance imprévue qui accompagne un malheur déjà connu, en redoublent l'impression au point de nous jeter dans le désespoir.

La ressemblance de nos arts entre eux et

avec la nature des faits qui nous émeuvent, tient à l'indentité de rapports, sans laquelle il n'existerait pour nous aucun sentiment vrai, aucune idée claire. Chaque art, aussi bien que la réalité des événements dont il imite les impressions, a son module particulier ; et c'est ce en quoi ils diffèrent les uns des autres. Mais ce module étant adopté, rien n'est plus arbitraire entre les diverses parties de l'action. Leur liaison est tellement nécessaire que si elle était intervertie, nous n'apercevrions plus aucune suite d'action et n'éprouverions plus aucune gradation d'intérêt.

Lorsque les différentes parties d'une composition ont été coordonnées avec art, l'âme se plaît a en parcourir le développement. La variété des sentiments prévient la fatigue et soutient l'attention. Plus la composition a de force et d'énergie, plus aussi il est nécessaire de ne pas s'arrêter trop longtemps à l'expression d'une seule et même expression. Celle de la tristesse, par exemple, deviendrait assoupissante, et les accents du désespoir, s'il étaient trop multipliés, finiraient par n'être plus entendus.

La musique, pour qui entend son langage, est de tous les genres de discours qui ont les sentiments pour objet, celui qui exige le plus de variété dans le style ; parcequ'il est aussi celui dont les impressions sont les plus pénétrantes.

Cette nécessité du changement d'expressions, est tellement impérieuse dans l'art musical, qu'on est obligé pour y satisfaire d'introduire dans le drame lyrique les incidents les plus invraisemblables, lorsqu'il ne s'en présente aucun, dans la suite naturelle de l'action, qui puisse fournir au compositeur des sentiments de genres différents à mettre en scène.

La partie poétique d'un tel drame expose nécessairement une action déterminée, tandis que sa partie musicale saisit l'occasion qui lui est offerte pour exprimer des sentiments généraux et abstraits, qu'amène le récit du poète.

C'est de cette diversité d'actions que résulte celle du jugement des spectateurs.

S'il arrive qu'un homme peu sensible au langage musical s'avise de vouloir aller entendre un des chefs-d'œuvre dramatiques qui excitent l'enthousiasme des amateurs, il cherche, comme malgré lui, une distraction dans le sujet particulier de la pièce contre les accords dont il ne sent pas le mérite. Il s'étonne du peu de liaison des scènes. Il ne voit pas avec quel art on a su ménager ces transitions nécessaires entre des genres de beautés tellement énergiques que l'impression de chacune d'elles serait une horrible fatigue, si elle se prolongeait. Il sort, croyant avoir jugé ce qu'il ne sait pas entendre, et croit avoir fait une plaisanterie mordante en nous disant qu'il semble que le bon sens doit être partout à sa place.

L'amateur est pleinement satisfait. Il n'a même pas remarqué les défauts prétendus que l'on semble trouver dans une composition dont on admire toutes les parties. Un tel jugement est uniforme. L'âge, le sexe, la position sociale, les connaissances les plus approfondies dans des sujets différents, ou leur absence totale, n'établissent aucun dissentiment sur l'impression, actuelle ou récente, produite par un bon ouvrage. Toutes ces personnes, si dissemblables d'ailleurs dans leurs goûts et leurs habitudes, se réunissent dans un opinion qui leur est commune. A la vérité, cet accord universel se trouble bientôt. Ce n'est qu'alors que l'impression dure encore qu'elle dicte à chacun des jugements semblables. On peut même remarquer une chose qui paraîtrait inexplicable à tout homme étranger aux impressions musicales : c'est que les discussions quelquefois très vives, sur le mérite des différentes écoles, sur celui de tel où tel exécutant, disparaissent ou ne sont plus soutenues qu'avec peine et par pur entêtement en présence de l'éxécution. C'est que cette diversité est dans l'opinion, tandis que l'uniformité d'impression naît de celle des facultés de sentir. La première est une force constante ; l'autre a besoin d'être mise en action pour acquérir de la valeur. Le souvenir la reproduit imparfaitement, et son effet s'affaiblissant en raison de l'éloignement de la cause qui l'a produite, finit par laisser à la première une prépondérance marquée. C'est par une raison toute semblable que l'amateur, quelles que soient d'ailleurs la puissance de sa raison et la délicatesse de son goût littéraire, n'est pas choqué des invraisemblances et du peu de liaison entre les scènes lyriques. Pénétré d'une vive émotion par ce qu'il entend actuellement, il n'a pas le loisir d'apercevoir quel est l'à-propos. Le compositeur habile, semblable en cela aux grands orateurs, s'empare de l'attention de ses auditeurs ; leur âme est, pour ainsi dire, dans sa main ; il dispose de leurs sentiments. Après avoir porté le trouble dans leurs facultés, et lorsqu'il sent que ce trouble ne peut plus croître, il ne veut pas laisser affaiblir une impression qui est son triomphe : il veut qu'une impression différente vienne remplacer la première et conserve ainsi à l'empire qu'il aura sur nos âmes toute sa force et toute sa puissance. Avec quel art il sait en ménager les moyens. Il connaît, il mesure les impressions qu'il fait naitre : il sait combien de temps nous pouvons en être possédés ; il se garde d'atteindre la limite de nos facultés. Ce qui est extrême échappe à notre attention : la faculté de sentir a ses bornes. Et cette remarque vraie à l'égard des impressions dont les arts disposent, tient à la nature de notre être. Elle est vraie en tout genre. Un extrême malheur, dans les premiers moments de son apparition, n'est pas senti plus vivement qu'un malheur moindre. Mais les instants qui succèdent nous font reconnaitre les différences. Et cela par une raison applicable aussi à toute chose, parce qu'elle est vraie, et que la vérité est universelle, ou, en d'autre termes, parce que les lois de l'être sont partout les mêmes.

Cette raison, la voici. Nos jugements pour être éclairés ont besoin de la connaissance parfaite des choses qui en sont l'objet. Une impression d'une extrême force nous jette dans le trouble ; notre âme devient incapable de comparer, et par conséquent de juger la force et l'intensité du malheur qu'elle éprouve. Mais il est dans la nature des affections qui ont une cause extérieure de tendre à s'affaiblir. Un chagrin cuisant semble devenir de plus en plus poignant, parce que l'impression, qui d'abord avait été assez forte pour nous empêcher de mesurer l'étendue du mal, diminuant réellement, laisse à la réflexion le pouvoir de ne nous en montrer les diverses faces. Si la cause première a eu une force réelle moins grande, son effet aura été connu plus tôt et l'affaiblissement de l'impression, loin de tendre à augmenter notre chagrin, devra au contraire amener un soulagement sensible à nos peines.

Les lettres, les arts sont notre ouvrage, leur but est notre bien-être. La première règle qu'ils doivent suivre est donc de ne pas porter leur action jusqu'à ce degré extrême qui trouble notre jugement, ou s'il est dans leur nature de savoir l'atteindre et que les grandes beautés puissent résulter de ce genre d'impressions, ils doivent se hâter de nous tirer d'une position pénible, en transportant notre attention dans une région moins sombre.

On reproche à la littérature son épuisement, et au goût de l'exactitude, sa sécheresse. Il semble que l'imagination ait perdu sa puissance lorsque la raison établit son empire. Nous reconnaissons que les temps où les hypothèses, plus ou moins heureuses, formaient la richesses intellectuelle, où l'homme, par conséquent, au lieu de chercher l'appui des vérités particulières, ou ce qui est la même chose, celui de la réalité des faits, trouvait en lui-même les convenances auxquelles il assujétissait la la nature entière, étaient très favorables au développement de l'imagination. Alors toute doctrine hasardée ne contrastait pas avec ce qu'on nommait la science. Les fictions poétiques étaient revêtues d'un charme qu'elles ne devaient pas seulement à leur grâce : une demi-croyance permettait d'admettre qu'elles pouvaient avoir eu une sorte de réalité. L'histoire et la fable se confondaient dans leurs limites. Ce que les uns regardaient comme de simples allégories était, aux yeux des autres, le récit de faits merveilleux. Cette disposition des esprits donnait sans doute à l'art de bien dire une importance, qu'il ne peut conserver au même degré, lorsque la principale condition à remplir est celle de dire vrai. La faculté créatrice a disparu avec le crédit des fictions. Mais s'il est dans le caractère de notre culture intellectuelle d'attacher plus d'importance à la solidité des doctrines qu'à ce qu'elles pourraient offrir de brillant ; si nous voulons que la raison domine toutes les productions de l'esprit ; si même nous sentons le goût des recherches attiédir notre imagination, ne désespérons pas d'arriver à une époque plus heureuse où nous saurons unir toutes nos facultés dans des productions d'un genre nouveau.

Les nations éprouvent aujourd'hui l'impression que recevrait un jeune homme qui, après s'être longtemps occupé de littérature, se trouverait porté, par le cours de ses études, vers les connaissances sérieuses. Le charme de ses premières occupations l'abandonnerait dans cette route nouvelle. Une curiosité vive en prendrait la place ; mais, après l'éducation achevée, chaque chose recouvrerait à ses yeux l'importance qui lui appartient réellement.

Nous arriverons à une époque semblable. Et comme l'éducation des sociétés consiste moins à rendre vulgaires les connaissances déjà anciennes, qu'à en acquérir de nouvelles ; comme nous marchons à grands pas vers la création des théories fondées sur des vérités incontestables, nous devons finir par amener les différentes branches de notre savoir à une harmonie qu'elles durent autrefois à notre seule imagination.

Tant de vérités de genres différents, groupées autour d'une vérité première qui est le fait principal du sujet, mettront dans tout son jour l'identité de rapports entre le module de chaque science, de chaque art, et les diverses parties de cette science ou de cet art. Les lois de l'être, les conditions du vrai, ainsi présentées à la fois sous mille faces différentes, échaufferont alors l'imagination ; un enthousiasme nouveau, fondé sur une base plus solide que celui qui sut embellir d'heureuses fictions, inspirera nos poètes et nos orateurs. Au lieu de créer l'univers suivant les caprices de nos volontés, ils nous le montreront tel qu'il est réellement; et si jamais le génie entre dans cette route nouvelle, il verra avec admiration que l'art de créer n'a été que celui de copier et de transporter en d'autres lieux de faibles parties d'un tableau, qu'il lui sera donné de savoir peindre dans son entier.

PENSÉES DIVERSES

PENSÉES DIVERSES

***

Le temps ne conserve que les ouvrages qui se défendent contre lui.

***

L'infini est le gouffre où se perdent nos pensées ; il n'est pas naturel de se jeter dans des précipices. Si l'homme est descendu dans cet abîme sans fond, il y fut entraîné par une pente.

***

Celui qui conçoit, qui produit une idée sublime, ne la borne pas par une restriction puérile, c'est celui qui l'adopte et qui la voit à

236   SOPHIE GERMAIN

travers les préjugés de son temps : elle prend nécessairement leur couleur. Mais une vérité neuve ne porte ni les vêtements de la nation, ni les livrées du siècle ; elle est nue en venant au monde.

L'espace et le temps, voilà ce que l'homme se propose de mesurer ; l'un circonscrit son existence momentanée; l'autre accompagne son existence successive. Ces deux étendues sont liées par une relation nécessaire qui est le mouvement. Dès qu'il est constant et uniforme, l'espace est connu par le temps, le temps est mesuré par l'espace. Nous l'avons dit, l'homme n'a point en lui la constance et l'uniformité : différemment modifié à chaque instant, il est changeant, inégal et trop peu durable pour être la mesure de la durée.

On y parvint (il s'agit de mesurer les distances angulaires) par une suite d'idées et d'inventions, difficiles, parce qu'elles sont les premières ; sublimes, parce qu'elles sont simples.

⁂

Lorsque les connaissances sont un amas d'erreurs et de vérités, indistinctement mêlées, lorsqu'une longue ignorance et beaucoup de siècles leur ont laissé jeter des racines profondes, la séparation en est difficile : l'ancienneté ne prouve rien ; le respect, la croyance de plusieurs âges ne sont que des préjugés, le doute est d'un sage, et si le sage veut avoir une opinion, le doute le conduit à l'examen.

⁂

L'imagination règne la première : les arts qu'elle crée et qu'elle rend agréables, la poésie, l'éloquence enchantent et fixent les esprits. Il faut que le prestige se dissipe avant de voir naître le goût des vérités solides : les sciences exactes sont les dernières cultivées.

⁂

Une des plus belles entreprises de l'esprit

humain est celle de la mesure de la terre, de ce globe où l'homme occupe un si petit espace ! Il ne peut cependant connaître que l'étendue qu'il peut parcourir ; il n'a d'échelle et de module que ses dimensions individuelles : ses pas répétés ont mesuré l'espace et lui ont fourni les premières mesures, le pied et le pas. La coudée est la longueur de l'avant-bras, et la toise n'est que la hauteur de sa propre stature. Que sont ces petites mesures en comparaison de la vaste circonférence du globe ! Mais l'homme ne s'est point étonné de sa petitesse ; son ambition lui a fait trouver des ressources dans son intelligence. Il a accumulé les petites mesures pour embrasser les plus grandes, et il s'est fait l'unité à laquelle il a rapporté toutes les parties de l'univers.

L'Asie nous révèle le caractère ancien et primitif de l'homme. Il semble avoir craint son espèce plus que toutes les autres : concentré dans sa famille, dans sa nation, le reste de la nature ne lui offrait que des ennemis. Cette crainte s'est perpétuée, elle est devenue l'esprit universel et invariable de l'Asie. L'espèce humaine en vieillissant sur la terre est arrivée enfin à se familiariser avec elle-même. La perfectibilité a produit ces sentiments d'humanité et d'amour qui tendent à rapprocher tous les hommes et à ne montrer sur la terre qu'un seul peuple de frères. Les idées de société générale, de cosmopolitisme sont des idées très-modernes : aussi ne sont-elles répandues et n'ont-elles germées que dans les âmes douces et dans les têtes philosophiques.

**

 (Tous les anciens peuples ont été policés par des étrangers). Voilà comment les institutions savantes ont pu être transplantées, placées au sein de la barbarie. L'instruction a dérogé par cette alliance ; les inepties, les absurdités se sont associées à des méthodes ingénieuses et à des idées philosophiques, et l'on trouve chez le même peuple, dans la même ville les écarts de l'enfance et les résultats de l'âge mûr.

Ainsi les hommes emportés et renouvelés par le temps, voyant périr comme eux les ouvrages de la nature, tandis que la terre est inébranlable et toujours vivante, ont imaginé de placer dans ses dimensions le type invariable des mesures qu'ils voulaient rendre éternelles. Un être qui ne vit qu'un moment, a l'ambition de prolonger sa vie par le souvenir et d'éterniser ses institutions ; il veut être utile quand il ne sera plus. Le module des mesures itinéraires a été gravé sur les fondements de la maison commune pour instruire les hôtes de tous les siècles.

Dans les probabilités morales et politiques, dans les faits des hommes et des peuples, où ont influé les passions, la volonté, l'intelligence et la perfectibilité de l'homme, la diffi-

culté redouble et l'incertitude est plus grande,
On ne connait exactement ni le nombre, ni
l'intensité des forces qui ont agi. On ne trouve
dans l'histoire que les résultats, et les effets
de la complication des moyens. Les obstacles
ont disparu, on aperçoit à peine les vestiges
de la résistance qui a retardé ces effets,
et cependant tous ces éléments sont nécessaires pour la solution du problème.

* * *

On voit les sciences semblables à tous les
êtres physiques tomber de l'âge de la maturité et de la force, périr par la caducité et
renaître pour une nouvelle carrière, en repassant par l'enfance.

* * *

Heureuse la nation qui joint la constance à
la sagesse ! Elle vit paisible et tranquille sans
s'ennuyer de son bonheur. Bien différentes
de ces nations inquiètes qui, sans cesse tourmentées de leur activité, cherchant et détruisant successivement l'équilibre, oscillent

autour du bonheur, et n'atteignent le terme du repos que pour le passer. Mais comme tout est compensé par la nature, cette inquiétude produit le mouvement des pensées ; c'est au sein du trouble, des querelles et des divisions ; c'est sur le théâtre de l'ambition que le génie s'est montré à la terre. Les rôles sont partagés entre les peuples et les fonctions sont également augustes. Les uns, comme les peuples de l'Europe, ont été chargés par la nature de développer la perfectibilité de l'homme, de mesurer la grandeur et l'élévation dont il est susceptible ; les autres, comme les Chinois, montrent l'image de la félicité qui lui est permise : mais ils sont restés dans l'ignorance, ou du moins dans la médiocrité.

S'il appartient à tous les hommes de blâmer les systèmes, il n'appartient qu'à un petit nombre d'hommes de les imaginer. Ceux qui les jugent sont assis dans un horizon borné ; ceux qui les conçoivent sont placés à une certaine élévation, d'où ils jettent autour d'eux un regard étendu.

⁎⁎⁎

Tycho[1] avait été destiné à la jurisprudence, comme Copernic[2] le fut à la médecine. Ces vocations contrariées sont les seules vraies, parce qu'elles sont les seules éprouvées. Les obstacles les épurent, les gouts faibles et les fantaisies disparaissent : il ne reste que ce penchant naturel augmenté par la résistance.

⁎⁎⁎

L'Ecriture sainte ne prévient point la postérité à l'égard des sciences et Dieu n'a employé dans ce genre d'autre révélation que celle du génie.

⁎⁎⁎

Rarement l'action la plus simple suit un

---

[1] Tycho-Brahé, astronome danois, né en 1546, mort à Prague en 1601.

Nic. Copernic, astronome polonais, né à Thorn en 1473 et mort à Frauenbourg en 1543.

seul motif : agités par des désirs, par des intérêts divers, souvent contrariés par la nature, croisés par nos semblables, nous obéissons à des forces qui se combinent, qui se combattent et se détruisent en partie. La volonté n'est qu'un résultat.

⁎⁎⁎

On voit, en étudiant Tycho, qu'il était curieux de passer tout entier à la postérité. Cette attention sur lui-même n'est pas une faiblesse ; s'il s'est cru digne d'intéresser, il intéresse en effet la postérité. On blâme les prétentions ridicules, on rit d'une importance sans motif ; on applaudit à l'homme supérieur qui se rend justice.

⁎⁎⁎

Sans doute que la félicité du sage déplait aux méchants ; le spectacle de la paix importune leur âme agitée, comme la vue d'un beau jour attriste l'infortuné qui n'en jouit pas.

⁎⁎⁎

Tycho ne pouvait manquer de patrie : il

appartient à l'univers. Si l'espèce humaine a seule le prévilége de vivre dans tous les climats, ce privilége appartient surtout à l'homme de bien qui mérite partout des amis, et à l'homme de talent qui est accueilli partout comme un bienfaiteur. Nous croyons apercevoir dans les dernières années de Tycho, l'inquiétude d'un esprit mal à son aise et qui se sent déplacé. Les hommes tiennent plus à la patrie, que la patrie ne tient à eux : leurs concitoyens composés d'indifférents et d'envieux ne les connaissent point ou les connaissent mal, et ne leur rendent justice qu'après leur mort. Mais l'homme tient au lieu où il est né, par le souvenir de l'enfance et de la jeunesse : il n'oublie jamais le théâtre de ses premières affections, la carrière de ses travaux et de sa gloire : il se console de vieillir par le spectacle des lieux où tout est réminiscence et où il jouit encore du passé. S'il est transplanté dans des lieux étrangers, les objets nouveaux n'ont point d'attrait dans l'âge où l'on perd la sensibilité; son existence, à la fois vieille et nouvelle, lui pèse, il ne jouit plus et sa vie se consume par le regret.

⁎⁎⁎

La diversité des opinions est infinie, les conceptions sont aussi différentes que les traits des physionomies : sur une matière donnée, autant d'hommes, autant d'idées. Les idées extrêmes existent à la fois et les esprits se partagent toutes les nuances. Mais la vraie opinion d'un siècle est dans la tête des grands hommes qu'il a produits.

⁎⁎⁎

La véritable astrologie est l'étude de la morale et de la sagesse. Les progrès plus ou moins grands nous présagent un avenir plus ou moins heureux. On voit sans le secours des astres, une route tranquille et fleurie s'ouvrir sous les pas de la vertu, et le crime marcher vers un précipice. L'expérience tardive des vieilllards, et l'expérience prématurée d'une jeunesse raisonnable, montrent les malheurs après les imprudences, l'opprobre à la suite du vice et les grands naufrages comme le terme ordinaire des grandes passions.

***

(Tycho). Tant de mérites de sa part, tant d'obligations avouées de la nôtre, laissent le droit de le juger sur le reste. Il n'eut point l'esprit philosophique. Un homme qui n'a point entendu la voix de Copernic, qui n'a point saisi un système; un homme partagé entre les travaux de l'alchimie et les veilles astronomiques, se montre imbu de tous les préjugés de son temps. Il était assis sur les confins de deux siècles. Il tînt aux ténèbres qui l'ont précédé et à la lumière qui l'a suivi. Ce contraste, cette étrange association de l'erreur et de la vérité trouve une image sensible et physique dans le spectacle du matin : l'empire du ciel paraît divisé, le cercle de la nuit fugitive est encore tracé dans le vague des airs, les rayons de l'aurore viennent se briser à cette barrière, et les ombres en reculant semblent combattre les premiers traits d'un jour pur.

*
* *

La simplicité n'est pas essentiellement un principe, un axiôme, c'est le résultat de travaux : ce n'est pas une idée de l'enfance du monde, elle appartient à la maturité des hommes. C'est la plus grande des vérités que l'observation constante arrache à l'illusion des effets : ce ne peut être qu'un reste de la science primitive.

*
* *

La lumière fut produite pour embellir le monde, et l'œil fut créé pour la voir ; elle tombe sur les corps, se saisit de leur empreinte, elle a des pinceaux et des couleurs pour peindre, elle forme sur la rétine la miniature du monde et lie à l'existence de l'homme celle de tous les êtres qui l'environnent.

*
* *

Quand les hommes instruisent leurs semblables, l'envie active envers les vivants se rend difficile pour tout ce qu'ils proposent ; c'est avec effort que la vérité s'insinue. Mais lorsque la mort et le temps les ont séparés de l'envie, lorsque leurs pensées ont reçu l'hommage de plusieurs générations, le génie vu dans l'éloignement a quelque chose de respectable et de sacré ; il s'établit une sorte de prescription, et il faut autant d'efforts pour rectifier ces anciennes pensées, qu'il en a fallu pour les faire admettre.

Si les hommes qui ont avancé les sciences par leurs travaux, si ceux à qui il a été donné d'éclairer le monde, veulent revenir sur le chemin qu'ils ont fait, ils verront que les idées les plus belles, les plus grandes, sont les idées de leur jeunesse, mûries par le temps et par l'expérience. Elles sont renfermées dans les premiers essais, comme les fruits dans les boutons du printemps.

⁕⁕⁕

La force est dans le corps la faculté de se mouvoir et de mouvoir les autres : elle est en nous le sentiment de la puissance. Mais comment cette puissance passe-t-elle de mon âme dans ma main, qui saisit une pierre et dans la pierre qui parcourt l'air pour aller tomber au loin? Comment le choc suffit-il pour transmettre cette faculté? Ce métal arrondi en globe, repose lourdement sur la terre ; on le place dans un canal d'airain, la poudre s'enflamme, la masse pesante vole, et s'en va détruire les hommes et renverser les murailles à de grandes distances. Après ces meurtres, après ces grands efforts, le globe retombe immobile et sans action sur la terre. Que s'est-il donc passé dans cette masse ? C'est la force qui succède à l'inertie, c'est une sorte de vie au lieu d'un état de mort. La force s'épuise, la vie cesse et le corps redevient inanimé.

PENSÉES DIVERSES 251

**

Le télescope doit être considéré comme un véritable microscope. Le premier verre, l'objectif, nous soumet une image de l'objet éloigné et vous y portez la loupe qui a le pouvoir de l'amplifier. Vous considérez donc Jupiter qui est à cent cinquante millions de lieues de vous, qui est mille fois plus gros que notre terre, de la même manière que vous observez le ciron qui échappe à la vue par sa petitesse comme le vaste globe par sa distance. L'homme les soumet également à son pouvoir, ils sont tous deux vus au microscope. S'il osa se faire le centre des choses, la nature le justicie, elle l'a placé comme un milieu entre la petitesse et la grandeur, elle le suspend entre deux infinis dont il est enveloppé.

**

Képler[1] avait de modiques pensions ; il

---

[1] J. Képler, astronome, né en 1571 à Magstatt. (Wurtemberg) et mort à Ratisbonne en 1630.

vivait dans ces temps malheureux où on ne les lui payait pas. Il fallait faire des voyages pour des sollicitations ; il perdait le temps toujours bien cher au génie, et il usait son âme et ses forces par l'inquiétude. C'est bien assez des efforts de l'invention pour consumer la vie : l'homme ne crée qu'aux dépens de la force qui le fait exister. C'était trop d'y ajouter le chagrin qui mine sourdement cette existence. Voilà donc le sort des grands hommes, la gloire et la pauvreté. Leur gloire n'intéresse qu'eux, l'utilité souvent très-grande de leurs inventions, est éloignée. On ne paie bien que les services présents. Pour avoir le courage de reculer les bornes des sciences, il faut s'isoler de tout intérêt, et vivre dans l'avenir qui rend toujours justice. Mais, quant à du génie on joint une âme sensible, on s'afflige pour les siens, pour des êtres chéris qui n'ont pas le même attrait et la même récompense et à qui l'on n'a donné que la vie avec un nom respectable.

⁎⁎⁎

Le mérite a toujours des ennemis puissants ; on n'a point impunément une grande célébrité et la multitude va frapper de sa masse l'homme qui l'offusque par sa hauteur.

⁎⁎⁎

Galilée [1] aperçut que la lune tournait toujour la même face vers la terre, mais il ne vit là qu'un effet de sympathie entre les deux astres. La tendance, disons le mot, d'attraction de certains corps se manifestait souvent à l'homme étonné, et comme son imagination anime tout, voit partout ses affections, cette tendance devenait un sentiment, une préférence. L'amitié, l'amour qui lient et consolent les êtres sensibles, le penchant qui porte l'homme vers l'homme et conserve l'espèce humaine, rapprochait, conservait également les parties dont l'union constitue l'univers.

Galileo Galilei Galilée, mathématicien et astronome, né à Pise en 1564 et mort à Arcetri en 1642.

C'est là (dans les académies) que l'esprit humain réside : il y est vivant dans un nombre d'hommes réunis ; il y parle, il y rend ses oracles par leur organe. Et sous cette forme humaine, animé des passions de l'utilité et de la gloire, il est unique comme l'individu et durable comme l'espèce.

※

L'observation est placée entre les vues de l'esprit qui en ont montré l'utilité, et cette utilité même qu'il faut avoir l'art d'en faire éclore. Mais cette prévision de l'esprit, le pressentiment des phénomènes à voir est étonnamment difficile : c'est un don très-rare, c'est le génie lui-même. Il faut joindre à une vaste mémoire, où tous les faits connus soient déposés, une intelligence proportionnée pour combiner ces faits, pour comparer ce qu'ils ont produit avec ce qu'ils pouvaient produire. Il faut se représenter les phénomènes revêtus de toutes leurs illusions, distinguer les cas où ces illusions peuvent être séparées, marquer en même temps les instants où l'une a toute sa force et peut être plus facilement mesurée. Il faut quelquefois l'art de la multiplier, en sommant, en réunissant ses effets pour la rendre plus sensible.

La nature dans ses productions attache aux espèces plus d'une ressemblance : elle ne se diversifie que dans les détails des choses, elle se copie dans les grands caractères.

Les déterminations de Tycho, quoiqu'agrandies par les vues de Képler, allaient être effacées ; mais ses observations resteront, et c'est l'avantage des grands observateurs : leurs œuvres ne périssent point. Les systèmes s'écroulent ; les conjectures s'évanouissent ; les idées du génie sont quelquefois remplacées par des idées plus saines ; mais sans distinction de temps, les faits s'unissent aux faits ; on ne peut ni les détruire ni se passer d'eux, ils durent parce que ce sont des vérités.

⁎⁎

Ce n'est ni le plus ni le moins, ce n'est pas la privation même, c'est la comparaison qui nous afflige. on n'est pauvre qu'à côté des riches.

⁎⁎

Dominique Cassini [1] traça les progrès de l'astronomie, dans un écrit où il traite de son origine et de son antiquité : ce morceau est précieux. On aime à voir un homme de génie planer ainsi sur une longue carrière et montrer les pas de l'esprit humain. Cassini s'arrêta bientôt ; cette histoire de la science n'aurait été que la sienne, et il est très-remarquable que décrivant les travaux de l'académie auxquels il avait eu tant de part, parlant de découvertes que lui- même et lui seul avait faites, il ne s'est jamais nommé. Il dit toujours : *on a vu, on*

---

[1] J. Dominique Cassini, astronome, né à Périnaldo (près Nice) en 1625, mort à Paris en 1712.

a imaginé, et avec une occasion naturelle et répétée de parler de lui, cette modestie qui lui fait tant d'honneur est une belle leçon !

Ici la supériorité de l'esprit doit être aidée par le travail. Il ne s'agit pas de faire avancer la science d'un pas, il faut qu'elle en fasse à la fois une infinité. Tous ces pas exigeraient un grand nombre d'hommes associés pour un seul dessein, ayant le même zèle et les mêmes vues, ce qui est difficile ; ou ce qui est encore plus rare, un homme seul qui compensât le nombre par le génie, qui trouvât la durée de la vie et les forces humaines suffisantes pour tout exécuter à lui seul. Un tel homme n'a pu être qu'un bienfait unique de la nature. Il a cependant été donné ! On dirait que lassée de l'importunité des hommes pendant tant de siècles, de tant de secrets surpris depuis le le renouvellement des sciences, la nature n'eût plus demandé qu'un interprète qui fût digne d'elle. Elle s'est enfin déterminée à répondre, à se dévoiler presque entière ; mais elle a produit et appelé Newton.[1]

✷✷✷

En parlant de Newton qui fut solitaire et modeste, qui ne chercha point à paraître, qui fit de grandes choses avec simplicité, il faut être simple comme lui, comme la nature qu'il a suivie. Cette simplicité qui le caractérise est la grandeur que son écrivain doit emprunter de lui.

✷✷✷

La nature n'est que mélange et tempéraments. deux principes destructeurs l'un par l'autre enchaînés sont unis pour des effets durables. L'alliance de ces principes maintient la société des corps célestes ! Rien n'est plus admirable que ce mécanisme, c'est par cette combinaison de forces que tout se meut,

---

[1] Isaac Newton, mathématicien et physicien anglais, né à Woolsthorpe (Lincoln) en 1642 et mort à Londres en 1727.

tout change et cependant tout se conserve !

La grande supériorité n'est que le moyen de considérer les choses difficiles sous un point de vue où elles deviennent faciles, où l'esprit les embrasse et les suit sans efforts.

*_**

Ce point de vue le plus simple est en même temps le plus général : car dans la nature on voit toujours marcher ensemble la généralité et la simplicité ! Les circonstances qui différencient les cas particuliers, sont ensuite considérées séparément : on traite à part les modifications qu'elles apportent. La solution se transforme, elle marche avec des divisions qui sont des repos placés dans une route trop longue, et la solution d'un problème profond et difficile n'est qu'une suite de questions dont l'étendue est proportionnée à notre intelligence.

*_**

La simplicité de Newton, sa modestie naissaient de sa supériorité. On s'en étonne, en considérant cette supériorité même. Les hommes de cet ordre font facilement des choses difficiles. Comment admireraient-ils des œuvres qui leur ont si peu coûté? Ce n'est point un paradoxe de dire que la vanité ne naît point de la facilité du travail et de la rectitude des idées. Il faut avoir eu souvent tort pour s'enorgueillir d'avoir raison. Les hommes ne s'applaudissent que quand il sont surpris de leurs productions : ils attachent un grand prix au fruit des efforts pénibles. L'orgueil est le sentiment de la médiocrité et l'aveu de notre faiblesse.

On ne comprend pas l'attraction, mais l'homme qui en doute comprend-il comment il existe. Nous vivons et l'attraction agit par la volonté de l'Etre suprême : ce sont deux faits de la nature, dont les causes et le mécanisme nous sont également inconnus.

Euler fit une application heureuse de la géométrie à la physique en imaginant de composer des objets de deux lentilles de verre qui renfermeraient de l'eau entre elles. Les rayons devaient donc passer à travers deux matières différentes, le verre et l'eau.

La réfringence de ces deux matières n'est pas la même. Euler supposa qu'elles n'avaient pas non plus la même puissance pour décomposer le rayon et séparer les couleurs. En opposant ces effets, on pouvait les détruire l'un par l'autre : On pouvait rendre au rayon coloré ce mélange exact, cette union qui fait la blancheur de la lumière. Euler trouvait dans la construction de l'œil un motif d'espérance du succès. Il observait que, au lieu d'une seule humeur qui aurait suffi à la représentation des objets, il y en a plusieurs : sans doute pour remédier à la dispersion des couleurs. Des expériences faites à cette occasion prouvèrent que Newton s'était trompé lorsqu'il avait dit qu'en détruisant l'effet de la décomposition de la lumière, on anéantissait aussi ceux de la réfraction. Dollond [1] reprit la théorie d'Euler, mais en employant des objectifs de verre et d'eau, il découvrit un nouvel inconvénient. C'est qu'il fallait donner au verre des courbures si considérables qu'elles produisaient une très-grande aberration de sphéricité. L'emploi du verre ordinaire et du verre de plomb présente plus d'avantage et a été le résultat des tentatives faites pour utiliser les vues d'Euler.

*
* *

La géométrie est la science de l'étendue et du mouvement ou seulement de l'étendue : car tout ce qui existe dans cet univers, ou à la fois ou successivement, a l'étendue pour caractère de son existence. L'espace qui embrasse tous les points, tous les lieux, toutes

---

Dollond, opticien, né à Londres en 1730, mort à Kensingthon en 1820.

les bornes du monde physique ; le mouvement qui parcourt cet espace, qui s'y applique, s'y mesure et semble s'y assimiler ; le temps marqué par la succession des choses, subsistant depuis leur commencement jusqu'à leur fin ; le temps qui embrasse l'univers dans ses changements, comme l'espace l'enferme dans sa permanence, tout n'est qu'étendue. Etendue physique qui est devant nous, que l'œil peut distinguer et parcourir , étendue intellectuelle que l'homme peut rendre présente à son esprit et qui n'est aperçue et mesurée que par la pensée. Voilà l'empire de la géométrie. C'est alors qu'elle est grande, qu'elle est vaste comme l'univers ! Ouvrage miraculeuse de la raison humaine, les hommes y ont concentrée toutes les idées d'ordre et de rectitude, qu'ils ont reçues du ciel. Si elle a ses limites comme l'esprit humain, elle s'est toujours élevée avec lui, et tient de sa hauteur la double immensité, qui s'applique à tous les temps et à tous les lieux, mesurant également et les espaces de la durée fugitive, et ceux de la matière présente et visible.

*
* *

Toute équation est une égalité. Que sont les propriétés d'une courbe : une égalité entre les produits ou les combinaisons de certaines lignes droites renfermées et bornées par cette courbe.

*
* *

L'algèbre n'est qu'une géométrie écrite, la géométrie n'est qu'une algèbre figurée.

*
* *

Ce qui existe est l'ouvrage de la nature, de la nature qui a caché partout la simplicité des principes sous la variété des phénomènes ; qui en opposant les principes secondaires faisant réagir les êtres les uns sur les autres, a paru troubler partout l'uniformité et la régularité qui la constituent, n'a mis nulle part ni deux formes semblables, ni une forme régulière. L'homme se perd dans cette variété infinie ! Ce qui est trop composé n'est plus régulier pour lui. Il lui faut des choses simples et qui soient ordonnées suivant sa manière de concevoir. Nous avons pris le parti pour étudier la nature de mesurer ses ouvrages en leur appliquant les figures de notre géométrie, les modèles idéaux que notre esprit a créés, les formes régulières dont il connaît la loi. Maître de multiplier presque à volonté ces formes, sans varier la loi, il peut d'essais en essais assimiler, pour ainsi dire, les mesures qu'il s'est faites aux choses qu'il veut connaître, approcher aussi près qu'il le veut de la nature qu'il ne doit jamais atteindre et se faire une copie assez ressemblante de ce grand modèle.

**

Lagrange s'est proposé de nouveau le problème des trois corps, il l'a résolu à sa manière, avec son génie et par une analyse profonde et ingénieuse.

**

Lagrange se contente, à l'égard de l'action des planètes les plus voisines, de donner la méthode et les formules ; mais cette méthode est limitée, et c'est ici qu'à côté du génie de l'individu se trouvent marquées la faiblesse et l'insuffisance des moyens de l'espèce.

⁂

C'est dans les appréciations que la justesse de l'esprit se déploie. Il faut au dedans plus de ressources, quand on a au dehors moins de moyens. Au défaut des méthodes qui dévoilent la vérité c'est la force de l'esprit qui peut y suppléer par d'heureuses conjectures.

⁂

Le système qui suit et qui retrouve toujours la nature dans ses phénomènes contraires, doit renfermer le principe et le secret de ses mouvements.

⁂

Un géomètre est un homme qui entreprend de trouver la vérité, et cette recherche est toujours pénible dans les sciences comme dans la morale. Profondeur de vue, justesse de jugement, imagination vive, voilà les qualités du géomètre. Profondeur de vue pour apercevoir toutes les conséquences d'un principe, cette immense postérité d'un même père. Justesse de jugement, pour distinguer entre elles les traits de famille, et pour remonter de ces conséquenses isolées au principe dont elles dépendent. Mais ce qui donne cette profondeur, ce qui exerce ce jugement, c'est l'imagination, non celle qui se joue à la surface des choses, qui les anime de ses couleurs, qui y répand l'éclat, la vie et le mouvement, mais une imagination qui agit au dedans des corps comme celle-ci au dehors. Elle se peint leur constitution intime, elle la change et la dépouille à volonté ; elle fait, pour ainsi dire, l'anatomie des choses et ne leur laisse que les organes des effets qu'elle veut expliquer. L'une accumule pour embellir, l'autre divise pour connaître. L'imagination qui pénètre ainsi la nature, vaut bien celle qui tente de la parer. Moins brillante que l'enchanteresse qui nous amuse, elle a autant de puissance et plus de fidélité. Quand l'imagination a tout montré, les difficultés et les moyens, le géomètre peut aller en avant ; et s'il est parti d'un principe incontestable, qui rende sa solution certaine, on lui reconnaît un esprit sage. Ce principe le plus simple offre-t-il la voie la plus courte, il a l'élégance de son art. Et enfin il a du génie, s'il atteint une vérité grande, utile et longtemps déparée des vérités connues.

Les conjectures, les opinions doivent avoir une place dans les connaissances des hommes. Elles font la nuance entre les fables et les vérités ; elles appartiennent aux unes par le défaut de preuves suffisantes, elles approchent plus ou moins des autres par leur vraisemblance. Si on retranchait ces rameaux naissants sur l'arbre de nos connaissances, on priverait l'avenir des fruits que plusieurs de ces rameaux peuvent produire. Il en est des idées comme des germes que la nature répand avec profusion : un grand nombre périt avant de mûrir ; mais au moment où ils se développent, on ne peut distinguer ceux qu'elle destine à une longue vie. Les hommes sont portés à conjecturer par le désir de connaître, il veulent avoir une opinion sur toutes les choses ; et lorsque la chaîne des vérités ne peut les y conduire, il suppléent aux vérités qui manquent par des vraisemblances qui les représentent. Au moyen de ces opinions particulières, et de liaisons en partie vraies, en partie hypothétiques, ils ont une idée pour chaque fait de la nature et une idée générale pour la nature même. Quand on considère le soleil qui, placé au centre de notre système, semble se consumer pour nous éclairer ; les planètes pesantes qui roulent autour de lui, la lune qui accompagne la terre, les satellites qui entourent Jupiter et Saturne, l'anneau singulier dont cette planète est environnée, ces étoiles qui brillent dans l'obscurité des nuits, et ces espaces d'une lumière pâle et blanche ou semés dans le ciel, ou réunis en zône pour former la voie lactée, un grand nombre de questions se présentent à un esprit curieux. On désirerait savoir l'origine de ces merveilles, leur usage et leur destinée dans un monde qui doit avoir commencé, qui change sans cesse et qui doit finir un jour, on voudrait comparer ces différents objets, et les connaître l'un par l'autre. A ces questions hardies le sage répondrait peut-être : *je ne sais*. Mais l'homme passionné, dévoré du désir de connaître, irrité par les barrières que la nature lui oppose, ne se contentera pas de cette réponse. Il osera imaginer, deviner; il jugera ce qu'il ne peut voir par ce qu'il a vu, et traçant un plan à son activité inquiéte il saura du moins où et comment il doit chercher. Si les hommes avaient toujours écouté cette raison circonspecte, ils n'auraient jamais devancé le temps. La vie des individus et des peuples mêmes eût été trop courte pour une marche si lente. La sagesse tranquille qui n'a que des désirs modérés est une vertu dans la morale ; mais l'inquiétude est le principe du mouvement des esprits. Les passions ont tout fait sur la terre. Le besoin de connaître et celui de la gloire ont précipité les pas des sciences. Sans les passions la société serait encore telle que dans l'état sauvage.

La force d'impulsion étant diminuée, celle de l'attraction prend plus d'empire; le corps s'approche tant soit peu du centre; l'orbite devient plus petite et est décrite en moins de temps. Le corps paraît donc se mouvoir plus vite, et voilà comment s'explique ce paradoxe singulier, qu'une diminution dans la force produit une accélération dans le mouvement.

La Place a proposé deux questions neuves et intéressantes. La première est de savoir si l'action de la gravité est instantanée malgré la distance. La Place pour y répondre remarque que tout ce qui se transmet à travers l'espace, nous parait répondre nécessairement à ses différents points. Dans notre manière de concevoir un effet, l'idée du temps est inséparablement liée à celle de l'espace : la notion de la vitesse naît de leurs rapports. Une vitesse plus grande suppose un temps plus court, et si, par la puissance de l'imagination, nous essayions de nous représenter une vitesse infinie, il nous reste toujours l'idée d'un temps infiniment petit. Le temps ne peut être anéanti dans notre pensée. Peut-être cette conception n'est-elle en effet que l'habitude de nos observations. S'il existe dans la nature une action instantanée, elle est nulle pour nous puisqu'elle ne peut-être comparée. Tout fait unique sera toujours inconcevable. Il est donc très possible que ne pouvant analyser la matière, voir ses éléments à nu, saisir le mécanisme de leur action mutuelle, nous ne concevions pas comment la force de la gravité agit instantanément aux plus grandes distances. Mais cette difficulté de concevoir un fait n'est pas une raison de croire à son existence; et, comme l'observe très bien M. de La Place, quand même tous les

phénomènes nous donneraient lieu de penser
que l'action de cette force est instantanée, il
ne faudrait pas en conclure qu'elle l'est réellement : car dans une progression rapide, il y a
loin d'une durée insensible à une durée absolument nulle. Quoi qu'il en soit, les circonstances rendent cette considération superflue;
quelque puisse être le temps que l'attraction
emploie pour atteindre aux limites de sa
sphère, il n'en résulte aucun changement
dans l'ordre des phénomènes. Toute la différence est dans le premier instant. Il a fallu
un temps pour que l'effort et, pour ainsi dire,
la force fut transmise au corps qu'elle doit
faire mouvoir, mais une fois arrivée, les efforts
se succèdent immédiatement, et le corps se
meut comme si l'action était réellement instantanée. « Il semble que forcé par l'accord des faits
« à admettre une faculté attractive dans tous
« les points matériels, rien n'autorise à croire
« le temps nécessaire à la transmission de son
« action : car de quel genre sera l'obstacle

« qui la retarde ? Comment concevoir la force
« attractive traversant l'espace et se séparant
« des corps dans lesquels tout porte à croire
« qu'elle réside ? Qu'est-ce enfin que cette
« puissance ainsi isolée, sinon un être abstrait
« qui ne peut exister dans la nature. Si nous
« nous sommes habitués à considérer tou-
« jours le temps comme un élément néces-
« saire à la communication des forces motri-
« ces, c'est que nous avons vu les effets que
« l'impulsion qui, agissant par une transmis-
« sion de mouvement entre les molécules con-
« tigus, met d'autant plus de temps à parvenir
« au corps soumis à son action que les points
« extrêmes sont plus distants. Mais rien de
« semblable n'ayant lieu dans l'attraction, je
« la crois instantanée. »

M. de La Place fait une seconde question
qui dérive naturellement de la première, il
demande si l'attraction agit de la même
manière sur les corps en repos et sur les corps

en mouvement. En supposant un temps nécessaire pour la transmission de la gravité, on conçoit qu'un corps en repos l'attend et ne peut échapper à son action, mais un corps en mouvement peut la fuir. Quelque petit que soit le temps de la trasmission, la vitesse du corps peut être si grande qu'il puisse s'y soustraire du moins en partie. Il en résulte une modification dans le mouvement. La Place a choisi la vitesse de la lumière pour terme de comparaison, et il a vu qu'il fallait supposer à la propagation de la gravité une vitesse huit millions de fois plus grande. Telle serait donc la puissance des moyens de la nature pour transporter dans ses vastes domaines les effets des causes. Avec quelle variété et quelle étonnante différence elle a donné aux différents êtres la faculté de se mouvoir.

*
* *

Les vérités que nous avons exposées, les conjectures par lesquelles on a quelquefois essayé de réunir celles de ces vérités qui semblent séparées, ou de trouver des causes à des apparences singulières, à des phénomènes isolés, forment un tableau de l'univers. Univers immense où une infinité de soleils ont chacun leur empire particulier, et dont notre grand système ne fait qu'une très-petite partie. Le soleil est-il dans un repos absolu ? C'est ce qui nous paraît difficile à croire dans un monde dont le mouvement est la vie. Nous ne voyons pas qu'il ait de mouvement. Est-ce une raison pour croire que ce mouvement n'existe pas ? Nous ne pouvons en juger que par le changement de relation avec les objets environnants : le soleil n'en a point, ou n'en a qu'à une distance infinie. Cette distance que nos mesures n'atteignent pas, qui passe même nos conceptions, peut changer et même beaucoup sans que nous nous en apercevions. L'infini où notre esprit se confond et se perd, peut être augmenté ou diminué : il restera toujours infini, c'est-à-dire, quelque chose de trop vaste pour nous.

Rien n'est plus imposant que le spectacle du ciel étoilé, rien n'est plus propre à remuer l'imagination et à réveiller des idées de grandeur et d'étendue! La nuit nous présente une multitude de flambeaux, confusément épars sur une voûte apparente et tandis que la vue nous attache à ce spectacle, la raison éclairée par les travaux des siècles, brise cette voûte, en rejette l'illusion, et ne voit plus qu'une infinité de corps lumineux placés à des distances énormes et des mondes semés sans nombre dans des espaces sans bornes. Mais en même temps l'imagination se rappelle que l'homme a classé toutes ces étoiles, y a dessiné des groupes et leur a imposé des noms.

L'ancienne histoire y est écrite, et la fable y est figurée; les premiers dieux y conservent un empire. Anciennes erreurs, vérités antiques, tout est écrit dans ce livre, et l'homme qui sait y lire, retrouve à la fois la grandeur majestueuse de la nature, la mythologie et les débris des cultes, les leçons de la fable et le souvenir de ses premiers ancêtres.

✶✶✶

Les fables sont nées dans la marche de la tradition, on doit donc y retrouver ce qui a été confié à la tradition et tout ce que traîne après soi ce fleuve grossi de tant de sources différentes.

✶✶✶

Le temps a seulement deux divisions réelles : le passé et l'avenir, puisque le présent n'est que la limite des deux autres.

✶✶✶

L'idée d'une science est déjà un pas; le souvenir d'une chose qui a été faite enseigne qu'elle est possible, et le courage multiplie les efforts, lorsqu'il y a l'espérance du succès.

✶✶✶

Cette activité nous arrache au présent pour nous jeter dans l'avenir : sans elle, l'homme ne connaît que la nature qui l'environne, ou même celle qui le touche immédiatement. Il demeure à la place que sa naissance lui a marquée et le reste de l'univers est nul pour lui.

En Asie rien n'a été fait que par la constance des travaux. C'est le genre humain agissant en masse, ou à la fois ou successivement. En Europe le génie a succédé à la patience pour commander le travail. Les grandes choses ont été faites par des individus. Ce ne sont point de petites forces réunies pour en produire une grande, c'est une puissance unique et celle du génie.

Képler a commencé notre supériorité. Jamais on n'avait encore porté dans les sciences ni plus d'activité, ni peut-être plus de génie. On voit, en réfléchissant sur ses travaux, qu'il a dû avoir une multitude d'idées et cette fécondité même est le caractère d'un esprit supérieur.

⁎⁎⁎

En même temps la géométrie s'est avancée en perfectionnant les deux calculs inventés par Newton. L'un descend dans le détail des choses par une marche qui n'est jamais arrêtée, qui peut aller aussi loin que l'imagination et la pensée, c'est le calcul différentiel : celui-là est sorti en entier des mains de Newton. L'autre, le calcul intégral, qui remonte de ces détails et de parties des choses à leur assemblage, est borné, comme nous le sommes dans la plupart de nos œuvres. Il est facile de diviser, il nous est pénible de reconstruire.

⁎⁎⁎

La nature semble nous avoir soumis tous les corps existants du monde créé. La destruction est dans nos mains. La recomposition est son secret : nos efforts sont le plus souvent infructueux, et nos succès dans ce genre ne sont que des exceptions.

La méthode complète du calcul intégral serait une révolution dans la géométrie semblable à celle de l'application de l'algèbre et à celle de l'invention du calcul différentiel.

Nos moyens pour surpasser la science primitive ont donc été le télescope qui étend le domaine des sens, la géométrie qui permet de tout approfondir et le génie qui ose tout comparer et qui s'élève à la sciences des causes. Cette science est notre véritable supériorité. Tous les phénomènes sont enchaînés. Le système de nos connaissances est ordonné comme la nature; un seul principe nous sert à tout expliquer, comme un seul effort lui suffit pour faire tout agir.

⁂

La force de l'esprit humain n'est pas une puissance qui agisse par des effets constants et gradués suivant certaines lois. Tantôt arrêtée par les difficultés, tantôt multipliée pour les vaincre, elle étonne toujours par son repos et par son action.

✳

Le phénomène de l'attraction doit être regardé comme la base constante de toutes nos recherches. Les phénomènes présents ou futurs doivent également se ranger dans l'étendue de ses applications ; le développement de cette cause simple renfermant tous les phénomènes actuels et annoncera les phénomènes à venir. Il faut considérer ce hardi système de Newton comme un magnifique tableau de la nature où ce puissant génie a dessiné à grands traits les formes principales, en laissant à ses successeurs la gloire de détailler ces formes esquissées, de remplir les vides et d'ajouter la ressemblance de toutes les parties à la vérité de l'ensemble.

✳

Dans l'état actuel où est l'astronomie, sous un ciel où presque tout est connu, nous ne serons bientôt plus que les témoins des phénomènes périodiques que le temps ramène et renouvelle sans cesse ; et si l'amour de la science subsiste, si nous sommes assez constants pour les suivre, chaque siècle ajoutera un petit degré de perfection aux connaissances, acquises et l'astronomie suivra lentement la nature en l'approchant sans cesse, comme ces lignes asymptotiques qui serrent toujours une courbe de plus en plus près, sans jamais la toucher.

* *
*

M. Abeille pense que le froid est un être réel ; il oppose à l'opinion des physiciens qui ne le considère que comme l'absence du feu le raisonnement suivant. L'eau qui se congèle augmente de volume, l'absence d'un être corporel ne peut ajouter à la masse dont il se sépare, puisque le néant ne produit aucun effet positif, donc un être réel augmente le volume de l'eau.

La force avec laquelle l'eau augmente de volume, en se congelant est bien prouvée par l'expérience suivante. Que l'on prenne un tube de fer, que l'on en ferme une extrémité au moyen d'une virole de même métal ; qu'on emplisse ce tube d'eau et qu'on l'expose au grand froid.

L'eau fera un tel effort qu'elle fendra le tube dans toute sa longueur et l'on observera que les glaçons déborderont cette fente. L'objection de M. Abeille entre mon opinion sur le feu et la lumière est que l'on ne peut décomposer le feu, tandis que nous décomposons la lumière tant que nous le voulons.

Voici ma réponse. Je conviens que le feu n'a pas été décomposé jusqu'à présent. Je crois même qu'il ne le sera jamais ; mais je ne conclus pas de là que ce soit un être simple et je pense au contraire que s'il se refuse à devenir le sujet de nos expériences sous ce rapport, nous devons nous en prendre plutôt à l'impossibilité de l'obtenir seul et de pouvoir le retenir (puisqu'il pénètre tous les corps) et au défaut de matière propre à opérer sur lui, qu'à la simplicité de son essence.

—

IDÉE SUR LES SENS.

Je pense qu'ils peuvent être tous rapportés à celui du toucher et qu'ils ne diffèrent que par la disposition à ressentir l'attouchement de corps de natures différentes. Le sens du toucher proprement dit, est le moins délicat de tous, puisqu'il n'est guère affecté que par les corps les moins déliés, tandis que l'œil est sensible à l'attouchement du subtile élément de la lumière ; que l'ouïe reçoit l'impression des parties de l'air mises en vibration par le corps sonore ou résonnant ; que l'odorat distingue les parties déliées qui s'évaporent des corps et que le goût qui a une si grande affinité avec l'odorat connaît presque la forme des particules qui le touchent par l'impression qu'elles lui font ressentir.

CORRESPONDANCE

CORRESPONDANCE

I

TESSIER[1] A SOPHIE GERMAIN

Le 17 pluviose.

Mademoiselle,

Duodi, c'est-à-dire, dimanche prochain il y aura chez moi un dîner, pas de tous hommes. La majeure partie des convives ne vous est point étrangère. Vous leur feriez grand plai-

---

[1] Alex.-H. Tessier. agronome, né à Angerville, 1741, mort à Paris, 1837.

sir et vous combleriez de bontés le maître de la maison, si vous vouliez bien être de la partie. Point de M***, puisque vous ne vous êtes pas encore raccommodée avec lui. Vous trouverez dans ma *Chartreuse* du beurre frais, des pommes de terre, des betteraves, des maches et quelque autre aliment qui n'irritera pas votre palais. Je compe sur une de mes parentes, excellente femme, pour laquelle je vous demanderai indulgence plénière, car elle ne connaît de géométrie que les figures les plus naturelles. Vous en jugerez par l'échantillon de son travail que j'aurai l'honneur de vous présenter. Comme j'ai bien à cœur de ne me point brouiller avec monsieur votre père, vous pourriez lui promettre d'avance que vous serez reconduite chez lui en sûreté, à l'heure qu'il désirerait. Quand vous verrez Mme Lherbette, je vous prie de l'assurer de mon respect, en lui disant que je la trouve une bien bonne commissionnaire. Je désirerais réussir aussi bien qu'elle dans la commission dont je m'acquitte aujourd'hui pour mon propre compte.

Je suis avec respect, Mademoiselle, votre très-humble serviteur.

TESSIER.

II

BERNARD LIBRAIRE A Mme GERMAIN

Paris, 4 novembre.

Madame,

Le citoyen Cousin [1] sollicite l'honneur de vous être présenté ainsi qu'à mademoiselle votre fille, si vous daignez l'agréer. J'attends vos ordres. Il espère que ses occupations lui permettront d'aller vous présenter ses respects le 8 novembre, sur les six heures du soir. Je vous prie de me faire dire si cette

---

[1] J. Ant.-Joseph Cousin, mathématicien, né à Paris en 1739, mort en 1800.

heure ne vous est pas importune. Nous aurions l'honneur de nous rendre au moment qui vous serait plus convenable. M. Cousin se félicite d'avoir une occasion de vous offrir, ainsi qu'à mademoiselle Germain, l'hommage de son respect et de lui offrir toutes les facilités qui dépendront de lui dans la carrière des sciences qu'elle cultive avec tant de succès. Je serai bien flatté d'avoir pu concourir à vous offrir quelque témoignage de mon zèle et de ma sincère admiration pour votre idole.

Recevez, Madame, je vous prie pour elle et pour vous, l'assurance de mon parfait attachement.

BERNARD, libraire.

III

D'ANSSE DE VILLOISON [1] A SOPHIE GERMAIN

Malgré la proscription fatale dont vous avez frappé un célèbre astronome[2] et ses amis, je n'ai pas pu me dispenser de rendre hommage à la vérité, et je me suis empressé de vous offrir les prémisses d'une pièce de vers latins de ma composition qui va paraître ces jours-ci dans le *Magasin encyclopédique*.[3] Vous y verrez page 239[4] une faible

[1] J.-Bapt. Gaspard d'Ansse de Villoison, helleniste, né à Corbeil en 1750 et mort à Paris en 1805
[2] J. Jérome Le Français de Lalande, astronome, né à Bourg (Ain) en 1732, mort à Paris en 1807.
[3] Le *Magasin encyclopédique* ou journal des sciences, des lettres et des arts, par A. L. Millin, 1795-1816, 122 vol. in-8, plus 4 vol. de tables.
[4] Publiée d'abord dans le *Magasin encyclopédique* (1802, VIIIe année, t. I), cette pièce de vers parut une seconde fois dans la *Bibliothèque française*, avec une addition de quatre vers.

partie de la justice que je vous rends, Mademoiselle, et qui vous est due à tant de titres. Je serais trop heureux si vous vouliez présenter à Mademoiselle votre sœur et agréer l'hommage de l'admiration et du respect avec lequel je suis, Mademoiselle, votre très-humble et très-obéissant serviteur,

D'ANSSE DE VILLOISON.

IV

LE MÊME A MADAME GERMAIN

Ce lundi soir à minuit, 12 juillet 1802.

Madame, je trouve en rentrant la lettre dont vous m'honorez et m'empresse de vous donner sur le champ ma parole d'honneur que vos ordres et ceux de mademoiselle votre fille sont déjà ponctuellement exécutés, que j'ai brûlé ma pièce de vers grecs et voudrais pouvoir anéantir de même les latins ; que je me contenterai d'admirer désormais mademoiselle votre fille dans le plus respectueux silence, et de vous regarder comme la plus heureuse des mères, et la plus digne d'envie. J'oserai prendre la liberté de prier mademoiselle Sophie d'agréer un exemplaire de la seconde édition de Paris, qui va paraître sous très-peu de jours avec l'addition que j'ai eu l'honneur de lui communiquer et qu'on m'annonce, madame, devoir être incessamment suivie d'une traduction en vers français dont s'occupe maintenant une dame que je n'ai pas l'avantage de connaître. Je me reprocherai toute ma vie d'avoir composé cette pièce qui a pu blesser l'excessive modestie de mademoiselle votre fille. Je la supplie, ainsi que mademoiselle sa sœur de vouloir bien recevoir mes excuses et les assurances du vif et éternel regret et du respect avec lequel je suis, Madame, votre très-humble et très-obéissant serviteur,

D'ANSSE DE VILLOISON.

V

LE MÊME A SOPHIE GERMAIN

Ce 14 juillet 1802.

J'ose prendre la liberté de vous offrir ci-joint un exemplaire de la nouvelle édition de ma malheureuse pièce, avec les corrections et additions que je vous avais annoncées. M. Pougens [1], mademoiselle, l'avait insérée dans le troisième numéro de la troisième année de sa *bibliothèque française* [2], avant que je pusse soupçonner que l'hommage de la vérité choquerait votre modestie aussi rare que vos talents. Je vous réitère avec mes excuses et l'expression de mes vifs et éternels

---

[1] Le chevalier Charles-Joseph Pougens, littérateur français, né à Paris en 1755, mort à Vauxbrun (près Soissons), en 1808.

[2] La *Bibliothèque française*, par Ch. Pougens, 1800-1808, 29 vol. in-12 ; réunie ensuite au *Journal des Arts, de la littérature et du commerce*, qui devint le *Nain-Jaune* en décembre 1804.

regrets, ma *parole d'honneur* que je ne me permettrai de parler de vous, mademoiselle, dans aucun écrit, et que mon admiration sera toujours muette et enchaînée par le désir d'obtenir mon pardon d'une erreur ou d'une faute involontaire et par le profond respect que j'ai voué à madame votre mère et à mademoiselle votre sœur et avec lequel j'ai l'honneur d'être, Mademoiselle, votre très-humble et très-obéissant serviteur,

D'ANSSE DE VILLOISON

P. S. — Vous m'avouerez, mademoiselle, que si vous êtes la seule demoiselle qui possède si supérieurement les mathématiques, vous êtes aussi la seule qui ait connu et redouté le danger d'un poème grec. En conscience, j'en appelle à mademoiselle votre sœur qui est si bonne, ne pourriez-vous pas m'accorder ma grâce, ne fût-ce que pour la singularité du fait ?

VI

SOPHIE GERMAIN A GAUSS [1]

Monsieur, vos *disquisitiones arithmeticæ* [2] font depuis longtemps l'objet de mon admiration et de mes études. Le dernier chapitre de ce livre renferme entre autres choses remarquables le beau théorème contenu dans l'équation $\frac{4(x^n-1)}{x-1} = Y^2 \pm n Z^2$;[3] je crois qu'il peut être généralisé ainsi $\frac{4(x^{n^s}-1)}{x-1} = Y^2 \pm n Z^2$, n étant, toujours qu'un nombre premier et s un nombre quelconque. Je joins à ma lettre deux

---

[1] Ch. Fréd. Gauss, mathématicien, né à Brunswick 1777 et mort à Gœttingue, 1855.

[2] *Disquisitiones arithmeticæ.* Lipsiæ 1801, in-4.

[3] Voici le titre d'un article que Sophie Germain publia sur le même théorème : Note sur la manière dont se composent les valeurs de y et z dans l'équation $\frac{4(x^2-1)}{x-1} = y^2 \pm pz^2$ et celles de Y et Z dans l'équation $\frac{4(x^p-1)}{x-1} = Y^2 \pm Z^2$ (Journ. de A. L. CRELLE, VII, 1831, pp. 120 à 204).

démonstrations de cette généralisation. Après avoir trouvé la première j'ai cherché comment la méthode que vous avez employée art. 357 pouvait être appliquée au cas que j'avais à considérer. J'ai fait ce travail avec d'autant plus de plaisir qu'il ma fourni l'occasion de me familiariser avec cette méthode qui, je ne doute pas, sera encore dans vos mains l'instrument de nouvelles découvertes. J'ai ajouté à cet article quelques autres considérations. La dernière est relative à la célèbre équation de Fermat $x^n+y^n=z^n$ dont l'impossibilité en nombres entiers n'a encore été démontrée que pour $n=3$ et $n=4$. Je crois être parvenu à prouver cette impossibilité pour $n=p-1$, p étant un nombre premier de la forme de $8K7$. Je prends la liberté de soumettre ces essais à votre jugement, persuadé que vous ne dédaignerez pas d'éclairer de vos avis un amateur enthousiaste de la science que vous cultivez avec de si brillants succès.

Rien n'égale l'impatience avec laquelle j'attends la suite du livre que j'ai entre les mains. Je me suis fait informer que vous y travaillez en ce moment : je ne négligerai rien pour me la procurer aussitôt qu'elle paraîtra.

Malheureusement l'étendue de mon esprit ne répond pas à la vivacité de mes goûts et je sens qu'il y a une sorte de témérité à importuner un homme de génie, lorsqu'on n'a d'autre titre à son attention qu'une admiration nécessairement partagée par tous ses lecteurs.

En relisant le mémoire de M. Lagrange (Berlin 1775), j'ai vu avec étonnement qu'il n'a pas su réduire la quantité (page 252).

---

[1] Recherches sur les suites recurrentes dont les termes varient de plusieurs manières différentes, etc. (Nouveaux mémoires de l'Acad. de Berlin, année 1775).

Cette remarque est une nouvelle preuve de l'avantage de votre méthode, qui s'appliquant à toutes les valeurs de n, donne pour chaque cas, des valeurs de Y et Z indépendantes du tâtonnement.

Si, connaissant les valeurs de Y et Z dans l'équation $\frac{4(x^n1)}{x-1} = Y \pm nZ^*$, on voulait avoir celles de Y' et Z' dans l'équation $\frac{(4x^n1)}{x-1} = Y' \pm nZ'$ il est clair qu'il suffirait de changer les signes de tous les termes de Y et Z qui contiennent des puissances de x dont l'exposant est impair.

Je n'ai pas voulu fatiguer votre attention en multipliant les remarques dont votre livre a été pour moi l'occasion. Si je puis espérer que vous accueilliez favorablement celles que j'ai l'honneur de vous communiquer et que vous ne les trouviez pas entièrement indignes de réponse, veuillez l'adresser à

M. Silvestre de Sacy [1] membre de l'Institut national, rue Hautefeuille à Paris. Croyez au prix que j'attacherais à un mot d'avis de votre part et agréez l'assurance du profond respect de votre très-humble serviteur et très-assidu lecteur.

LE BLANC.[2]

VII.

GAUSS A SOPHIE GERMAIN.

Brunswick, 16 juin 1806.

Monsieur, il me faut vous demander mille fois pardon d'avoir laissé six mois sans réponse l'obligeante lettre dont vous m'avez honoré. Certainement je me serais empressé de vous témoigner tout de suite combien m'est cher

---

[1] Ant. Isaac, baron Silvestre de Sacy, orientaliste, né à Paris en 1758, mort en 1838.

[2] Sophie Germain correspondait avec Gauss sous le pseudonyme de Le Blanc.

l'intérêt que vous prenez aux recherches auxquelles j'ai dévoué la plus belle partie de ma jeunesse, qui ont été la source de mes jouissances les plus délicieuses et qui me seront toujours plus chères qu'aucune autre science. Mais je me flattais de temps en temps de pouvoir gagner assez de loisir pour mettre en ordre et vous communiquer par écrit l'une ou l'autre de mes autres recherches arithmétiques, pour vous rendre en quelque sorte le plaisir que vous m'avez fait par vos communications. Mon espérance a été vaine. Ce sont surtout mes occupations astronomiques qui à présent absorbent presque tout mon temps.

Je me réserve pourtant de m'entretenir avec vous des mystères de mon arithmétique chérie, aussitôt que je serai assez heureux d'y pouvoir retourner.

J'ai lu avec plaisir les choses que vous m'avez bien voulu communiquer; je me félicite que l'arithmétique acquiert en vous un ami assez habile. Surtout votre nouvelle démonstration pour les nombres premiers, dont 2 est résidu ou non résidu, m'a extrêmement plu ; elle est très-fine, quoiqu'elle semble être isolée et ne pouvoir s'appliquer à d'autres nombres. J'ai très souvent considéré avec admiration l'enchaînement singulier des vérités arithmétiques. Par exemple, le théorème que je nomme fondamental (art. 131) et les théorèmes particuliers concernant les résidus 1 ± 2, s'entrelacent à une foule d'autres vérités, où l'on ne les aurait jamais cherchés. Outre les deux démonstrations que j'ai données dans mon ouvrage, je suis en possession de deux ou trois autres, qui du moins ne le cèdent pas à celles-là en question d'élégance.

Je remarque avec beaucoup de regret que les autres occupations où je suis engagé ne me permettent point du tout de me livrer à présent, à mon amour pour l'arithmétique. Ce ne sera peut-être qu'après plusieurs années que je pourrai penser à la publication de la suite de mes recherches, qui rempliront aisément un ou deux volumes semblables au premier. Mais je croirais n'avoir pas assez vécu, si je mourais sans avoir achevé toutes les recherches intéressantes auxquelles je me suis une fois livré. Au reste, chez nous en Allemagne, la publication d'un tel ouvrage a ses difficultés : quoiqu'on en dise, le goût pour les mathématiques pures, si l'on cherche de la profondeur, n'est pas trop général. Nos libraires ne se mêlent guère de ces sortes de livres, et je ne suis pas assez riche pour faire à mes frais l'impression et me soumettre à la malhonnêteté des libraires étrangers, comme il m'est arrivé à l'occasion du premier volume. Un M. ***, par exemple, libraire à Paris, a reçu de moi, il y a presque trois ans, des exemplaires pour la valeur de six cent quatre-vingts francs ; mais jamais je n'ai reçu un sou de lui, et il ne s'est même pas donné la peine de répondre à mes lettres.

Peut-être vous pourriez me donner des

renseignements par quel moyen on pourrait engager cet homme à faire son devoir.

Agréez, Monsieur, l'expression de ma haute considération.

Ch. Fr. GAUSS.

VIII

DU MÊME

Brunswick, 20 août 1805.

Je profite de la complaisance de M. Grégoire pour vous offrir, avec beaucoup de remerciements pour toutes les communications de votre dernière lettre, un exemplaire d'un petit mémoire que j'ai publié en 1799[1] et qui probablement vous sera encore in-

---

[1] Demonstratio nova theorematis : omnem functionem algebraicam rationalem integram unius variabilis in factores reales primi vel secundi gradus resolvi posse. Helmstadt 1799.

connu. Vous souhaitiez de savoir tout ce que j'ai écrit en latin. Cette pièce est la seule outre mes recherches arithmétiques, et en même temps celle qui a paru la première, quoique alors l'impression de mes *Disquisitiones* eût été portée au-delà de la moitié.

Je suis à présent occupé à perfectionner quelques méthodes nouvelles par rapport aux calculs des perturbations planétaires : celles-ci et les méthodes dont je me suis servi pour calculer les éléments elliptiques des différentes nouvelles planètes, fourniront probablement les matériaux pour mon premier ouvrage.[1]

Je vous salue cordialement.

CH. FR. GAUSS.

---

[1] Theoria motus corporum cœlestium in sectionibus conicis solem ambientium. Hambourg, 1809, in-4.

IX

SOPHIE GERMAIN A GAUSS

Je dois vous paraître bien coupable, d'avoir tardé si longtemps à vous remercier de la lettre dont vous m'avez honoré et de l'envoi du mémoire que vous avez bien voulu y joindre. Cependant il n'y a pas de ma faute : le paquet ne m'a été remis qu'il y a huit jours. M. de Sacy était en voyage depuis plus de deux mois et on avait négligé chez lui de me le faire tenir. Il est vrai que n'espérant pas de vous une réponse si prompte, je n'avais mis aucun soin à m'informer des lettres qui m'étaient adressées.

Votre mémoire m'a fait d'autant plus de plaisir que je le connaissais déjà par une lecture rapide que m'avait procurée l'un des savants auxquels vous l'avez envoyé, il y a déjà longtemps, et qu'ayant toujours eu le désir d'étudier comme on doit le faire tous les ouvrages qui sortent de votre plume, je l'avais inutilement fait demander à Leipzig d'où j'avais reçu pour réponse que l'édition était épuisée. L'indulgence que vous continuez de me témoigner m'encourage à vous communiquer encore quelques-unes de mes nouvelles recherches.

Après avoir réduit, suivant que vous l'indiquez, les formes ternaires dont la déterminante est zéro aux formes binaires, j'ai cherché si cette propriété ne s'étendait pas aux formes quaternaires, c'est-à-dire, si ces formes n'étaient pas susceptibles de se réduire aux formes ternaires lorsque leur déterminante est zéro, et j'ai examiné ensuite quelques autres propriétés de ces formes et de leurs adjoints.

Je crois qu'en général D étant la déterminante d'une forme composée d'un nombre n de variables, D^{n-1} est la déterminante de l'adjointe de cette forme. C'est ainsi que vous avez trouvé D^2 pour la déterminante de l'adjointe ternaire et que, d'après mes calculs, D^3 est la déterminante de l'adjointe quaternaire. Cette analogie n'est sans doute pas suffisante pour établir la généralité de la proposition de la forme. Mais on voit au moins que la déterminante étant composée de produits de l'ordre n et les coefficients de son adjointe l'étant de produits de l'ordre $n-1$, D^{n-1} est du même ordre que la déterminante de l'adjointe, c'est-à-dire, de l'ordre $n(n-1)$. Ces deux propositions savoir que l'adjointe est de l'ordre n et les coefficients de l'adjointe déterminants de l'ordre $n-1$ m'ont paru résulter de la nature générale des formes et de leurs adjointes.

Je regarde comme une faveur la permission que vous voulez bien m'accorder de vous communiquer mes faibles essais, persuadé que vous aurez assez de bonté pour m'avertir des erreurs qui pourraient m'échapper dans un genre de recherches où vous êtes le seul juge éclairé que l'on puisse consulter.

Les nouveaux renseignements que j'ai pris au sujet du libraire *** ne sont rien moins que satisfaisants. Son successeur a dit avoir depuis longtemps terminé ses paiements dont le produit a été aussitôt dissipé. Il est retiré dans une petite ville où il vit du revenu d'un médiocre emploi, et l'avis général de toutes les personnes que j'ai consultées a été qu'il est à peu près impossible de tirer de l'argent de lui.

Je n'avais pas jugé nécessaire de vous communiquer ces résultats, parce que je ne vois pas que l'on puisse en tirer bon parti, et que j'attendais, pour vous écrire de nouveau, que vous m'en eussiez donné la permission. Le retard qu'a occasionné la remise de votre lettre m'a privé de vous faire plus tôt tous mes remerciements et les protestations de mon profond respect.

X

Brunswick, ce 27 novembre 1806

A Monsieur le général Pernety [1], chef de l'état-major général de l'artillerie de l'armée.

Mon général,

A peine arrivé dans cette ville, je me suis occupé de remplir votre commission. J'ai demandé à plusieurs personnes l'habitation de Monsieur Gauss, chez qui je fus pour prendre de ses nouvelles de votre part, et de celle de mademoiselle Sophie Germain. Il me répondit ne pas avoir eu l'honneur de vous connaître ainsi que la demoiselle, mais

---

[1] Joseph-Marie Pernety, général et sénateur français, né à Lyon en 1766, mort à Paris en 1856.

qu'il avait bien connaissance de madame Lalande[1] à Paris.

Après avoir parlé de différents articles contenus dans votre instruction à moi remise, il me parut un peu confus, et me chargea de vous remercier infiniment des attentions que vous preniez à son égard. Je lui demandai s'il voulait écrire à Paris, de me remettre la lettre, que je vous l'aurais fait tenir, que vous vous chargiez de la faire rendre à sa destination. Il me répondit ni oui ni non sur cet article. Je sortis pour lors de chez lui en le laissant avec madame son épouse et son enfant. Je fus chez M. le général de division Buisson, gouverneur de cette ville, pour le recommander, et surtout que j'avais eu l'hon-

---

[1] Madame Lefrançais de Lalande, née Marie-Jeanne Harley, devint l'épouse de Lefrançais-Lalande et la nièce adoptive de Jérôme de Lalande. C'est elle qui calcula les tables horaires pour connaître le temps vrai par la hauteur du soleil, qui parurent en 1793 dans l'*Abrégé de Navigation*, par Jérôme de Lalande.

neur de connaître M. le général de division Buisson d'ancienne date. Ce général me répondit pour lors de faire tout pour lui, en m'invitant à dîner avec M. Gauss. M. le commandant de la place qui se trouvait là dans ce moment me dit que cet homme lui avait déjà été recommandé par plusieurs personnes de mérite. Je me suis licencié (*sic*) et je retournai chez M. Gauss pour le prier de vouloir bien venir dîner avec moi chez le gouverneur. Me l'ayant promis, dans une heure d'ici je passerai le prendre et nous irons ensemble. Le fait est qu'il aura de M. le gouverneur et du commandant de la place toute l'estime et les douceurs qui seront à leur pouvoir. Chemin faisant je tâcherai de lui parler afin qu'il vous écrive de la manière dont je me suis acquitté de ma mission et en même temps qu'il écrive à Paris. S'il le juge, je lui laisse à cet effet votre adresse. La sienne est à Monsieur le docteur Gauss logé chez *Ritter* Steinweg n° 1917 à Brunswick. Il jouit d'une bonne santé et me dit qu'il craignait un peu au moment où les troupes étaient rentrées, mais qu'il est resté à Brunswick tranquille. Je l'ai rassuré et puis je ne doute pas que M. le gouverneur ainsi que le commandant de la place le rassureront bien mieux sur cet article. J'ai couru la poste nuit et jour jusqu'à ce moment. Cette circonstance m'oblige à rester ici cet après midi ; et demain matin de bonne heure je pars pour me rendre à ma destination.

Daignez agréer, mon général, les sentiments du plus profond respect avec lequel j'ai l'honneur d'être, etc.

CHANTEL,
Chef de bataillon

XI

LE GÉNÉRAL PERNETY
A SOPHIE GERMAIN

Cotel, près Breslau, 23 décembre 1806.

Mademoiselle,

Je ne puis mieux répondre aux demandes que votre amour pour les savants m'a faites, qu'en vous envoyant la lettre de l'officier d'artillerie que j'avais chargé de savoir des nouvelles de M. Gauss à Brunswick. Je désire qu'elle satisfasse vos vœux pour cet émule d'Archimède, mieux traité que lui, comme vous le verrez. J'espère que cela me mettra dans le cas d'être chargé quelquefois de vos intéressantes commissions. Je m'en acquitterai mieux certainement que celles d'achats de chiffons des pays étrangers qu'à tort parfois on me confie.

Me voici faisant un siége, entendant et faisant gronder le ou les tonnerres, brûlant des maisons, des églises, car les clochers sont de bons points de mire pour les bombes, enfin faisant par réflexion tout le mal que je peux à qui jamais ne m'en fit aucun et que je ne connais pas, mais c'est le métier. On m'accable à mon tour de boulets, d'obus et de bombes et tout va le mieux du monde. Enfin cet obstiné gouverneur de Breslau [1] prendra peut-être un jour son parti, et il fera bien pour la ville et pour nous.

Je me flatte que votre santé est améliorée et que celles de vos parents ainsi que de mademoiselle votre sœur se maintiennent en bon état. Tels sont du moins les vœux les plus sincères de votre dévoué serviteur et admirateur.

J. PERNETY.

[1] Le général Pernety dirigeait, en 1806, le siége contre Breslau.

XII

GAUSS A SOPHIE GERMAIN

Göttingue, ce 19 janvier 1808.

En vous remerciant de tout mon cœur pour votre dernière lettre et les intéressantes communications que vous m'y faites, Mademoiselle, je vous prie mille fois pardon, d'y répondre aussi tard. Cette négligence est pour la plus grande partie une suite des changements qui se sont faits dans ma situation. J'ai changé ma demeure, pour accepter la place de professeur d'astronomie à Göttingue qu'on m'avait offerte depuis longtemps. Je ne vous dis rien des circonstances facheuses qui m'ont enfin déterminé à faire ce pas ni des nouvelles tracasseries auxquelles je me trouve exposé ici : j'espère que l'interposition de l'institut où j'ai eu recours y mettra fin. Ne contemplons à présent que la belle perspective que j'ai, de pouvoir avec plus d'aisance, du moins dans la suite, veiller à mes travaux surtout arithmétiques, et de les publier successivement dans les mémoires de la Société de Gottingue. J'ai le plaisir de vous en envoyer les prémisses lesquelles, comme j'espère, vous feront quelque plaisir. Vous me pardonnerez que cette fois je ne puis m'étendre davantage sur la belle démonstration de mes théorèmes arithmétiques. J'admire la sagacité avec laquelle vous avez pu en si peu de temps y parvenir. J'espère de pouvoir bientôt publier toute la théorie dont ces propositions élégantes font partie, avec une foule d'autres choses. Que mes occupations arithmétiques me rendent heureux dans un temps où je ne vois autour de moi que le malheur et le désespoir! Ce ne sont que les sciences, le sein de sa famille et la correspondance avec ses amis chéris où l'on puisse se dédommager et se reposer de l'affliction générale. L'ouvrage sur le calcul des orbites des planètes, dont je vous ai parlé dans ma dernière lettre, est enfin sous presse. J'espère qu'il sera achevé dans quelques mois. Je n'ai pas redouté la peine de le traduire en *latin*, afin qu'il puisse trouver un plus grand nombre de lecteurs.

Soyez toujours aussi heureuse, ma chère amie, que vos rares qualités d'esprit et de cœur le méritent, et continuez de temps en temps de me renouveler la douce assurance que je puis me compter parmi le nombre de vos amis, titre duquel je serai toujours orgueilleux.

CH. FR. GAUSS.

XIII

LEGENDRE[1] A S. GERMAIN

Sans date

L'équation $\sin \frac{1}{2}\omega = 0$ n'est pas une conséquence nécessaire de l'équation à résoudre; elle vient d'un facteur qui a été introduit par la multiplication et qui est étranger à la solution du problème.

En effet, la première forme de l'équation générale (page 154)[2] étant :

$$0 = 2 - 2e^{2\omega}(e^{\lambda\omega} - e^{\omega(2-\lambda)})(e^{\lambda\omega} - e^{-\lambda\omega})(cot.\lambda\omega + cot.(1-\lambda)\omega)$$

---

[1] Andrien-Marie Legendre, mathématicien, né à Toulouse en 1752 et mort à Paris en 1833.

[2] Investigatio motuum quibus laminæ et virgæ elesticæ contremiscunt.
 (Acta academicæ scientiarum Imp. Petropolitanæ 1779, pars prior. p. 103 et suiv.)

Si on y fait $\lambda = \frac{1}{2}$, elle devient

$$0 = 2 - 2e^{2\omega} - (e^{\frac{1}{2}\omega} - e^{\frac{3}{2}\omega})(e^{\frac{1}{2}\omega} - e^{-\omega\frac{1}{2}})(2\cot.\tfrac{1}{2}\omega)$$

Or, celle-ci n'est pas satisfaite par la supposition $\sin \frac{1}{2}\omega = 0$; elle le serait seulement par la supposition $\frac{1}{2}\omega = 0$, ou $\frac{1}{2}\omega$ égal à un infiniment petit, cas dont on fait abstraction.

La solution $\sin \frac{1}{2}\omega = 0$, ou $\frac{1}{2}\omega = K\pi$ est d'ailleurs inadmissible, puis qu'elle donne des valeurs infinies pour les coefficients j, j', d', page 153 (et toujours en faisant $\lambda = \frac{1}{2}$). C'est ce qu'aurait dû remarquer Euler, lorsqu'il dit, page 156 : *Multiplicemus omnes coefficientes per* $\sin \frac{1}{2}\omega$. On peut bien multiplier l'ordonnée d'une courbe par une constante, afin de rendre cette courbe sensible par une construction géométrique, mais on ne peut pas multiplier par zéro. Il n'y a donc que la seconde solution qui soit légitime, et quant à celle-ci je ne vois rien à lui objecter.

Lorsque Melle Sophie a voulu considérer le cas général elle est, ce me semble, tombée dans la même erreur qu'Euler,[1] en faisant $\sin \lambda \omega = 0$. Cette solution est illusoire, elle résulte d'un facteur donné mal à propos à l'équation et elle aurait, comme dans le cas de $\lambda = \frac{i}{i}$, l'inconvénient de rendre infinis les coefficients, j, j', d', etc., de la courbe.

Au reste, excepté la première solution qu demande quelque tâtonnement, pour avoi la valeur précise de ω, il est facile de résoudre généralement l'équation d'Euler, page 154, savoir :

$$0 = 2 - 2e^{\frac{2\omega}{-}}(e^{\lambda\omega}e^{2-\lambda\omega})(e^{\lambda\omega}e^{-\lambda\omega})(cot.\lambda\omega + cot.(1-\lambda)\omega)$$

En effet, si on a bien saisi l'esprit de la résolution des six cas principaux, on verra que passé la première solution, et quelquefois même dans la première solution, la quantité e^ω devient si grande, qu'on peut négliger en

[1] Léonard Euler, mathématicien, né à Bâle en 1707, mort à Pétersbourg en 1783.

toute sûreté $e^{-\omega}$ par rapport à e^{ω}, de même que $\varepsilon^{-\lambda\omega}$ par rapport à $e^{\lambda\omega}$. D'après ce principe l'équation précédente se réduit à celle-ci :

$$0 = {}_2e^{2\omega} + e^{2\omega}(cot.\lambda\omega + cot.(1-\lambda)\omega)$$

ou simplement :

$$cot.\lambda\omega + cot(1-\lambda)\omega = 2$$

Or, ayant fait $cot.\lambda\omega = x$, $cot.(1-\lambda)\omega = y$, on trouvera aisément, suivant les différentes valeurs de λ, une équation algébrique entre x et y, laquelle combinée avec l'équation $x + y = 2$, donnera un nombre déterminé de solutions, par exemple :

$$\lambda\omega = \alpha,\ \lambda\omega' = \beta,\ \lambda\omega'' = \iota.$$

De ces solutions on formera ensuite les solutions générales :

$$\lambda\omega = \alpha + k\pi,\ \lambda\omega' = \beta + k\pi,\ \lambda\omega'' = \iota + K\pi,\ \text{etc.}$$

k étant un nombre à volonté.

Ainsi il y aura pour ω autant de fois de valeurs que l'équation en x aura de racines.

Soit, par exemple, $\lambda = \frac{1}{2}$, il faudra satisfaire à l'équation

$$2 = cot.\tfrac{1}{2}\omega + cot\tfrac{1}{2}\omega,$$

Or si l'on fait $\cot \frac{1}{3}\omega = x$, on aura $\cot\frac{1}{3}\omega = x + \frac{-1+xx}{2x}$, d'où $x + \frac{x^2-1}{2x} = 2$, ou $3x^2-1 = 4x$.

Et enfin $x = \frac{2 \pm \sqrt{7}}{3}$: appelons α et β les deux angles compris entre 0 et 180°, qui donnent $\cot\alpha = \frac{2+\sqrt{7}}{3}$, $\cot\beta = \frac{2-\sqrt{7}}{3}$ et nous aurons généralement

$$\frac{1}{3}\omega = \alpha + k\pi$$
$$\frac{1}{3}\omega = \beta + k\pi$$

C'est-à-dire que les valeurs de ω formeront deux suites distinctes :

3α, $3\alpha + 3\pi$, $3\alpha + 6\pi$, etc.

3β, $3\beta + 3\pi$, $3\beta + 6\pi$, etc.

chacune donnant lieu à une manière d'osciller de la lame.

Dans l'application il faudrait rechercher plus exactement les deux premiers termes 3α, 3β; mais les autres seront toujours suffisamment approchés.

LEGENDRE.

XIV

DU MÊME

Paris, ce 19 janvier 1811.

La multiplication par $\sin \frac{1}{2}\omega$, contre laquelle je m'étais élevé dans ma première note, s'explique en examinant les choses de plus près, et voici comment.

Avant de faire aucune supposition sur la valeur de ω, l'auteur (page 154) trouve le rapport $\dfrac{\alpha}{\alpha'} = \dfrac{e^{\lambda\omega}e^{\omega(2-\lambda)}}{e^{\lambda\omega}e^{-\lambda\omega}}$ d'où il conclut $\alpha' = e^{\lambda\omega}e^{\omega(2-\lambda)}$; parce qu'en effet il peut multiplier tous les coefficients α, β, ι, δ, par un même nombre, puisqu'il reste encore un coefficient arbitraire C qui multiplie le tout. Mais comme par suite la valeur $\frac{1}{2}\omega = 0$, on trouve $\alpha = o$ et $\alpha' = o$, il s'ensuit qu'on a mal à propos multiplié tous les coefficients α, β, ι, δ, par une quantité infinie, puisqu'un coefficient α, qui, sans cette multiplication aurait été zéro, est devenue une quantité finie.

Pour rectifier cette erreur, il faut donc supprimer le facteur infini, ou multiplier par $\sin \frac{1}{2}\omega$.

Cette explication laisserait encore quelque obscurité, et il est bien plus simple de refaire le calcul des coefficients dans la supposition de $\sin \frac{1}{2}\omega = 0$ ou $\frac{1}{2}\omega = i\pi$, λ étant $\frac{1}{2}$.

Soit donc $\sin \frac{1}{2}\bar{\omega} = 0$, et alors en remontant tout simplement aux équations primitives de la page 152, on trouve sans aucune difficulté $\alpha = 0$, $\beta = 0$, $\delta = 0$, $\alpha' = 0$, $\beta' = 0$. Il ne reste que ι et ι' qui ne s'anéantissent pas. Mais les équations dont il s'agit n'en déterminent pas la valeur et on trouve simplement $\iota = \iota'$. A cause du multiplicateur commun C, on peut faire $\iota = 1$ et on aura $\iota' = 1$. Euler dans son analyse (mal ordonnée) trouve $\iota' = -\iota$, mais c'est une erreur manifeste, et les équations III et IV de la page 152 donnent évidemment $\iota = \iota'$.

Voilà une difficulté très vraie et très grave, et voyez les conséquences qui en résultent.

Si on a $\iota = \iota'$, alors l'équation de la portion de courbe L F (page 157) n'est plus $y = -$ C sin (3+α), mais bien $y = +$ C sin (3+α) comme celle de la portion E L.

Il reste donc à chercher laquelle de ces équations est la vraie. On pourrait croire au premier coup d'œil que c'est celle d'Euler qui semble indiquer tout de suite des ordonnés négatives pour la portion L F. Hé bien, point du tout. Euler s'est trompé dans cette équation par suite de son erreur sur le signe de ι' et la vraie équation de la portion L F est :

$$y = C \sin\left(3 + t\frac{\omega^2 c \sqrt{2g6}}{aa}\right) \sin u\omega$$

absolument comme celle de la portion E L, c'est-à-dire que ces deux portions ne font qu'une seule et même courbe désignée par la même équation. Résultat qui se rapproche entièrement de la théorie que Melle Sophie voulait adopter, même en dépit des équations d'Euler et de ma note première.

Il suffit pour s'en convaincre de remarquer que puisque $\sin u\omega$ est zéro lorsqu'on fait $w = \frac{1}{2}$ les deux suppositions $u > \frac{1}{2}$, $u < \frac{1}{2}$ donneront deux résultats de signes contraires pour $\sin u\omega$, de sorte qu'avant et après le point L, les ordonnées seront de signes différents.

Voilà donc la difficulté entièrement résolue pour ce point, elle venait de l'erreur de signe qu'a fait Euler dans l'équation $\iota = \iota'$.

Je dois aussi ajouter, contre l'opinion que j'avais avancée dans ma première note, que le facteur $\sin \frac{1}{2}\omega$, donne la solution admissible $\sin \frac{1}{2}\omega = o$, ou $\frac{1}{2}\omega = \alpha\pi$. Quant à l'autre solution contre laquelle je ne vois pas d'objection, il me semble qu'on ne peut la rejeter par cette seule raison que les sons rendus par la lame dans les deux portions ne s'accorderaient pas entre eux. Les oscillations peuvent très-bien avoir lieu sans être harmoniques.

J'ai cru, Mademoiselle, ne pas devoir vous

faire attendre jusqu'à lundi ces explications que votre discernement appréciera à leur valeur. Je vous les envoie comme une preuve de mon zèle et de mon dévouement.

LEGENDRE.

XV

DU MÊME

28 janvier 1811.

Euler n'a traité qu'en passant et par forme d'exemple son problème § 47 ; il peut s'y être mépris tant en fait de calcul qu'en fait de raisonnement. Il s'est mépris certainement dans le calcul lorsqu'il a trouvé $\iota = -\iota'$, puisqu'on doit avoir $\iota = \iota'$. Il se peut aussi que la seconde solution soit purement analytique et ne satisfasse pas aux circonstances physiques du problème. C'est ce que je ne déciderai pas, n'ayant pas assez réfléchi sur ces sortes de questions et n'ayant pas le loisir ni le goût de me livrer à un examen plus approfondi. J'aime donc mieux donner cause gagnée à mademoiselle Sophie que de lutter avec elle sur un sujet qu'elle a beaucoup médité. Voici seulement ce qui me paraît le plus probable.

Avant toute discussion il faudrait avoir bien fixé le sens du mot *Simpliciter fixus* qu'emploie Euler. Comme dans ce point, y est toujours zéro, il faut, ce me semble, regarder le stilet comme une aiguille fixe qui traverse la verge au milieu de sa largeur, et autour duquel elle peut tourner dans tous les sens. Je ne vois pas que le mot d'Euler puisse avoir une autre signification.

Cela posé, si l'on a bien déterminé dans le problème IV tous les mouvements que peut prendre une verge élastique dont les extrémités sont *simplement fixes*, parmi tous les mouvements réguliers possibles il y en aura un certain nombre dans lesquels le point milieu de la verge demeurera en repos. Ces derniers mouvements satisferont au problème du § 47, il ne s'agira donc que de retrancher de la solution générale du prob. IV, toutes les solutions qui ne satisfont pas à cette condition.

Pareil raisonnement s'applique à tous les autres cas généraux depuis le problème 1 jusqu'au problème VI, et il s'applique encore au cas où le stilet serait appliqué à un autre point que le milieu, ou même aux cas où plusieurs stilets seraient appliqués en différents points de la verge, au moins suivant des distances qui seront dans un rapport rationnel avec la longueur entière de la verge.

Cette explication peut faire disparaître beaucoup de difficultés, mais je ne me dissimule pas qu'elle est sujette à une objection.

Quand on considère dans les problèmes

successifs I, II... VI, les différents mouvements de la verge on suppose qu'elle est entièrement libre dans les points intermédiaires, et qu'ils n'éprouvent dans leurs mouvements aucune résistance. Le cas n'est plus le même lorsqu'on conçoit un ou plusieurs stilets appliqués en différents points. Si ces stilets ne supportent aucune pression dans aucun sens, la solution telle que nous venons de la concevoir pourra être appliquée; mais s'ils en supportent une, il faudra y avoir égard. Les solutions des problèmes I, II... VI ne sont plus applicables et tout notre édifice croule.

Permettez, Mademoiselle, que je vous laisse vous dégager comme vous pourrez de ces ruines, moi je me sauve en vous faisant ma très-humble révérence.

LEGENDRE.

XVI

DU MÊME

Paris, ce 22 octobre 1811

Mademoiselle,

Votre mémoire n'est pas perdu ; il est le seul qu'on ait reçu sur la question des vibrations des surfaces.[1] On a nommé hier cinq commissaires pour l'examiner. J'ai l'honneur d'en être un. M. Laplace[2], Lagrange[3],

---

[1] Le concours pour le prix offert par la 1re classe de l'Institut portait sur cette question : « donner la théorie mathématique des vibrations des surfaces élastiques et la comparer à l'expérience. » Le mémoire de Sophie Germain avait pour épigraphe : « *Effectuum naturalium ejusdem generis eœdem sunt causæ* ». Newton, Philos, nat.

[2] P. Simon, marquis de Laplace, mathématicien et astronome, né à Beaumont-en-Auge (Calvados) et mort à Paris en 1827.

[3] Jos. L. comte de Lagrange, mathématicien, né à Turin en 1736, mort à Paris en 1813.

Lacroix[1] et Malus[2] sont les quatre autres. Je n'ai rien dit, je vous conseille également de garder le silence jusqu'au jugement définitif.

Je suis, avec tous les sentiments que vous me connaissez, votre dévoué serviteur.

LEGENDRE.

XVII

DU MÊME

Paris, ce 10 novembre 1811.

Mademoiselle, votre mémoire est en circulation. M. Lacroix l'avait entre les mains lundi dernier. Je m'informerai demain à qui il l'a remis et j'y ferai joindre le supplément. Les commissaires jugeront ensuite s'ils doivent tenir compte ou non de ce supplément. Je

---

[1] Silvestre-F. Lacroix, mathématicien, né à Paris en 1765, mort en 1843.
[2] Et. L. Malus, physicien, né à Paris, en 1775, mort en 1812.

ferai en sorte d'ailleurs que M. de Lagrange ne tarde pas à lire le tout. Il n'y a pas de difficulté, ce me semble, dans le cas particulier où le pendule a la vitesse nécessaire pour remonter jusqu'à l'extrémité du diamètre vertical. Le calcul prouve qu'il faut un temps infini pour que le pendule arrive à ce point, et alors son mouvement sera anéanti.

Agréez, Mademoiselle, l'hommage de mes sentiments les plus distingués,

LEGENDRE.

XVIII

DU MÊME

Ce 4 décembre 1811.

Mademoiselle, je n'ai pas de bonnes nouvelles à vous donner de l'examen du mémoire. On trouve que votre équation principale n'est pas exacte, même en admettant l'hypothèse que l'élasticité en chaque point peut être représentée par $\frac{1}{r} + \frac{1}{r'}$. M. de Lagrange a trouvé que dans cette hypothèse la

vraie équation[1] devrait être de la forme
$\frac{d^2r}{dt^2} + k^2 \left(\frac{d^4r}{dx^4} + \frac{d^4r}{dx^2 dy^2} + \frac{d^4r}{dy^4} \right) = 0$, en supposant
d'ailleurs r très-petit. Je n'ai point vérifié ce calcul; on peut s'en rapporter à son auteur. Mais ce qui du premier coup d'œil confirme son exactitude, c'est qu'en supposant la surface vibrante réduite à une lame d'une largeur constante, ce qui peut s'exprimer en faisant $\frac{dz}{dy} = 0$, on retombe sur l'équation

[1] Voici une note de Lagrange communiquée aux commissaires pour le prix de la surface élastique (déc. 1811) : l'équation fondamentale pour le mouvement de la surface vibrante ne me paraît pas exacte, et la manière dont on cherche à la déduire de celle d'une lame élastique en passant d'une ligne à une surface me paraît peu juste. Lorsque les z sont très-petits, l'équation se réduit à :
$$\frac{d^2r}{dt^2} + gEbc \left(\frac{d^6r}{dx^4 dy^2} + \frac{d^6r}{dy^4 dz^2} \right)$$
Mais en adoptant, comme l'auteur $\frac{1}{r} + \frac{1}{r'}$, pour la mesure de la courbure de la surface, que l'élasticité tend à diminuer, et à laquelle on la suppose proportionnelle, je trouve dans les cas des z très-petits une équation de la forme :
$$\frac{d^2r}{dt^2} + k^2 \left(\frac{d^4r}{dx^4} + \frac{d^4r}{dx^2 dy^2} + \frac{d^4r}{dy^4} \right) = 0,$$
qui est bien différente de la précédente.

$\frac{d^2z}{dt^2} + k^2 \frac{d^4e}{dx} = 0$, , qui est, autant qu'il m'en souvient (car je n'ai pas le volume sous la main), l'équation donnée par Euler pour les lames élastiques vibrantes. Votre équation ne donnerait pas ce résultat. La source de votre erreur paraît être dans la manière dont vous avez cru pouvoir déduire l'équation de la surface vibrante de l'équation d'une simple lame ; c'est dans les doubles intégrales que vous vous êtes égarée. Elles ne se prêtent nullement aux substitutions que vous avez employées. Il fallait pour l'équation de la surface suivre la méthode indiquée par Lagrange dans la nouvelle édition, page 148[2], en ajoutant le terme convenable pour représenter la force due à l'élasticité. Au reste ces choses sont sujettes à des difficultés particulières, qui n'ont pas été encore bien éclair-

---

[1] Mémoire d'Euler cité plus haut.

[2] *Mécanique analytique,* éd. revue et augmentée Paris, 1811, 2 vol. in-4.

cies et il y aurait même des objections à faire contre l'analyse de l'article même que je cite.

M. Biot, qui a eu communication de votre mémoire, prétend avoir trouvé la vraie équation de la surface élastique vibrante. Il m'en a communiqué une qu'il dit avoir montrée il y a longtemps à M. de la Place, et qui n'est pas la même que celle qu'a trouvée M. de Lagrange d'après votre hypothèse.

Je n'en rends pas moins justice à des efforts qui sont louables en eux-mêmes, quoiqu'ils n'aient pas l'issue que j'aurais désirée ; mais c'est une raison de plus de garder l'incognito et je vous promets de mon côté de garder le plus profond silence.

J'imagine que la même question sera posée avec un nouveau délai ; ainsi miséricorde n'est pas perdue. Au contraire, il faut plus que jamais songer à emporter la palme.

Agréez, mademoiselle, les sentiments affectueux de votre dévoué serviteur.

LEGENDRE.

XVII

DU MÊME

Ce 4 décembre 1813.

Mademoiselle, je ne comprends pas du tout l'analyse que vous m'envoyez ; il y a certainement erreur ou dans l'écriture ou dans le raisonnement, et je suis porté à croire que vous n'avez pas une idée bien nette des opérations qu'on fait sur les intégrales doubles dans le calcul des variations. Votre explication des quatre points ne me satisfait pas d'avantage. Lagrange a eu raison de considérer deux éléments consécutifs dans la courbe élastique, et de mesurer l'élasticité par l'angle compris entre les deux éléments. On n'a pas d'éléments analogues dans les surfaces, ou du moins ceux que nous avons considérés ne sont pas dans le signe de l'analogie. Un élé-

ment de la surface a pour projection $dx\ dy$, l'élément suivant a pour projection
$(dx+ddx)\ (dy+ddy)$;
ces deux projections font deux carrés séparés. Ensuite l'idée des plans ne s'accommode pas avec ces projections, parce qu'un plan ne passe pas par quatre points. Il y a donc dans tout cela beaucoup d'obscurité.

Je ne me charge pas de vous lever toutes les difficultés dans une matière que je n'ai pas cultivée spécialement et qui n'a pas d'attrait pour moi ; ainsi il est inutile que je vous donne un rendez-vous pour en causer. D'ailleurs le sort en est jeté, il n'y a plus rien à changer au mémoire, et avec toute ma bonne volonté je n'y pourrais rien faire.

Il paraît reconnu cependant que votre équation est réellement celle de la surface vibrante. En mettant l'analyse à part, le reste peut être bon, en ce qui concerne l'explication des phénomènes. Si la commission de l'Institut était de cet avis vous pourriez au moins être mentionnée honorablement [1] ; mais je crains bien que l'analyse manquée ne nuise beaucoup au mémoire, malgré ce qu'il peut contenir de bon.

Dans tous les cas vous aurez la ressource de faire imprimer vos recherches en rétablissant la vraie analyse ou en la supprimant, et votre travail vous fera encore honneur. C'était peut-être le parti qu'il fallait prendre à l'origine. Mais je vous promets toujours le plus profond secret, et si vous n'avez pas commis d'ailleurs quelque indiscrétion, la chose sera comme non avenue.

Agréez, je vous prie, mes hommages et mon entier dévouement,

Legendre.

---

[1] La question proposée en 1811 fut remise au concours de 1813. Le mémoire de S. Germain, résultat de cette deuxième série de recherches, obtint la mention honorable.

XVIII

INSTITUT DE FRANCE

CLASSE DES SCIENCES PHYSIQUES ET MATHÉMATIQUES.

Paris, le janvier 1816,

M. Delambre [1] a l'honneur de présenter ses hommages à mademoiselle Germain et de lui envoyer deux billets d'Institut, présumant bien que ses amis lui en demanderont plus qu'elle n'en aura à distribuer, si, comme il le suppose, elle en a reçus hier ou aujourd'hui. Mais M. Delambre ayant appris par M. Sedillot [2] que Mlle Germain n'en avait pas encore reçus hier soir, il craint qu'il n'y ait eu quelque oubli, et la prie, dans ce cas, d'avoir

---

[1] J.-Bapt.-Joseph Delambre, astronome, né à Paris en 1747, m. en 1822.

[2] J.-Jacques-Emmanuel Sedillot, astronome et orientaliste, né à Enghien-Montmorency en 1777; mort à Paris en 1832.

recours à lui, parce que les billets imprimés étant épuisés, il peut y suppléer par un billet à la main pour autant de personnes qu'il conviendra à M{^{lle}} Germain de lui en indiquer. M. Delambre désirerait bien qu'elle se rendît elle-même à la séance, il aurait le plus grand plaisir à lui faire son compliment et lui renouveler l'assurance de sa respectueuse considération.

XIX

S. GERMAIN A POISSON [1]

(1816.)

Le jugement prononcé par la classe m'a appris que je m'étais abusée sur la démonstration qui vous a été soumise ; mais il ne m'a pas fait connaître quelle est la nature de l'er-

---

[1] Siméon-Denis Poisson, mathématicien, né à Pithiviers en 1781, m. à Sceaux en 1840.

reur que j'ai commise. M. Hallé[1] à qui j'ai témoigné combien je serais curieuse de savoir en quoi pêche ma démonstration, a bien voulu se charger de vous prier d'éclaircir mes doutes. Je ne crois pas m'être trompée dans la manière dont l'équation générale a été déduite de l'hypothèse, il faut donc que ce soit l'hypothèse elle-même qui n'ait pas été justifiée d'une manière satisfaisante. Dans la vue de vous éviter la peine de revoir la démonstration, j'ai reproduit dans la note ci-jointe [2] les raisonnements sur les-

[1] J.-Noel Hallé, médecin, né à Paris en 1754, m. en 1822.

[2] Voici cette note : « Quelles que soient les forces que l'on considère, elles sont proportionnelles à l'effet qu'elles produisent ou tendent à produire. — Les forces d'élasticité tendent à détruire la différence entre la forme naturelle des corps qui en sont doués et la forme que les mêmes corps ont été forcés de prendre par l'action d'une cause extérieure. — Les forces d'élasticité qui agissent sur un corps élastique quelconque, ont donc pour mesure la différence, entre la forme naturelle de ce corps et la forme qu'une cause extérieure la force de prendre. — L'effet produit par une force est explicitement ou implicitement

quels elle est fondée. Je les ai écrits à mi-marge afin qu'il vous soit plus facile de marquer l'endroit où vous avez jugé que la chaîne du raisonnement est interrompue.

Plus j'ai du respect pour votre jugement, plus je dois attacher d'importance à obtenir les éclaircissements que je sollicite de votre complaisance.

Veuillez agréer, Monsieur, l'assurance de la considération la plus distinguée,

S. GERMAIN.

l'ensemble des effets produits par le même forcé. — Explicitement si on considère successivement tous les divers effets sans exprimer qu'ils dépendent les uns des autres ; implicitement, si la liaison qui existe entre les mêmes effets permet de les considérer comme un fait unique. — L'effet des forces d'élasticité qui agissent sur une surface est de détruire la différence [entre la courbure naturelle de la surface et la courbure que la même surface a été forcée de prendre par l'action d'une cause extérieure. Mais la question sur la courbure d'une surface n'est pas susceptible d'une réponse simple ; elle se compose de l'ensemble des questions relatives à la courbure des courbes résultantes des sections de la même surface faites dans toutes les directions et sous toutes les

XX

POISSON A S. GERMAIN

Paris, ce 15 janvier 1816.

Mademoiselle, M. Hallé vient de me remettre une lettre que vous me faites l'honneur de m'adresser et qui contient plusieurs questions relatives à votre mémoire. Le reproche que la commission lui a fait porte moins sur l'hypothèse dont vous êtes partie que sur la manière ;dont vous avez appliqué le calcul à cette hypothèse. Le résultat auquel ce calcul vous a conduit ne s'accorde avec le

inclinaisons possibles. — L'ensemble des différences entre les courbures des courbes résultantes des diverses sections de la surface, considérées avant et après l'action de la cause extérieure, est donc explicitement la mesure des forces d'élasticité, qui agissent sur cette surface. — Il existe entre les courbures des courbes formées par les diverses sections de la surface une liaison telle qu'il est permis d'exprimer leur somme par celle des seules sections principales. — L'effet des forces d'élasticité est donc implicitement exprimé par la somme des seules différences entre les courbures principales de la surface, considérées avant et après l'action de la cause extérieure.

mien que dans le seul cas où la surface s'écarte infiniment peu d'un plan, soit dans l'état d'équilibre, soit dans l'état de mouvement.

On imprime succinctement mon mémoire, et je me propose de vous en offrir un exemplaire, aussitôt que l'impression sera achevée.

Permettez donc, mademoiselle, que nous ajournions la discussion à l'époque où vous aurez pu comparer mes résultats aux vôtres.

Agréez l'hommage de mon respect et de ma haute considération.

POISSON.

XXI

LEGENDRE A S. GERMAIN

Paris, 31 décembre 1819.

Votre équation, mademoiselle, est très-juste, mais la conséquence que vous en tirez n'est pas admissible; car de ce que $p^3 = A(p^2 - q)$

il ne s'en suit pas que q est divisible par p^2 ; on a exactement $\frac{q}{p^2} = 1 - \frac{p^s}{A}$; mais $\frac{p^s}{A}$ est-il un entier, parce que $\frac{p'}{A}$ en est un ? Voilà le nœud.

Je vous préviens au reste que depuis que je vous ai parlé pour la première fois de ce moyen de recherche, l'opinion que j'avais qu'il pouvait réussir est maintenant bien affaiblie, et qu'en somme je crois qu'il sera aussi stérile que bien d'autres. C'est pourquoi vous ferez très-bien de ne pas vous en occuper davantage, de peur de perdre un temps qui peut être employé beaucoup plus utilement à d'autres recherches.

Recevez, mademoiselle, mes hommages respectueux et tous les souhaits qu'une véritable affection peut inspirer.

LEGENDRE.

XXII

JOSEPH FOURIER A SOPHIE GERMAIN

Jeudi matin, 1 juin 1820.

Mademoiselle,

Monsieur Legendre a bien voulu m'engager de votre part à prendre connaissance d'un mémoire [1] sur les propriétés des surfaces élastiques. J'ai lu fort attentivement cet écrit, et j'y ai trouvé de nouvelles preuves de l'importance et du succès de vos recherches sur cette question difficile. Je me propose d'avoir l'honneur de me rendre chez vous après-demain samedi à huit heures et demie du soir et de vous rendre compte de mes réflexions sur l'objet de ce mémoire. Cette heure

---

[1] Cette lettre ne porte pas la date de l'année ; mais nous présumons qu'elle a été écrite en 1820, le 1ᵉʳ juin de cette année est un jeudi : et en second lieu, S. Germain nous apprend elle-même dans la préface de ses *Recherches sur la théorie de ses surfaces élastiques*, qu'avant de publier ce mémoire, elle demanda des onseils à Fourier.

m'a été indiquée comme vous étant la plus commode. Si vous préfériez une autre heure, ou un autre jour, je vous prie d'avoir la bonté de le faire dire au porteur de cette lettre. Je serai très-empressé de m'y conformer; et dans le cas où l'on ne me donnerait de votre part aucune indication différente, j'aurais l'honneur de me présenter samedi.

Agréez, mademoiselle, l'hommage du respect de votre très-humble et obéissant serviteur.

FOURIER.

XXIII

LEGENDRE A SOPHIE GERMAIN.

Paris, 23 juin 1821.

Mademoiselle, j'ai reçu mardi dernier le mémoire[1] que vous avez bien voulu m'en-

---

[1] Recherches sur la théorie des surfaces élastiques, Paris, 1821, in-4.

voyer, avec beau papier, belle couverture et une petite lettre fort obligeante, mais trop modeste. Je vous fais mon compliment bien sincère d'avoir enfin triomphé de votre répugnance à rendre publiques des recherches qui vous ont coûté tant de travaux. J'espère que vous n'aurez pas lieu de vous repentir de votre courage, et que cette première émission qui était la plus difficile, sera bientôt suivie de plusieurs autres qui obtiendront sans doute l'estime et les suffrages des connaisseurs.

Je n'ai pu encore que parcourir les premières pages de votre mémoire, et vous pensez bien que je suis loin de pouvoir porter un jugement sur cet ouvrage, qui est du nombre de ceux qu'on ne peut apprécier que par une étude longue et approfondie : car sans doute vous repousseriez vous-même un jugement qui ne serait fondé que sur un examen superficiel.

J'ai trouvé votre avertissement très-bien rédigé, il présente fort nettement l'état de la question ; vous proposez votre opinion de la manière la plus modeste et si l'on avait quelque chose à vous reprocher, ce serait les compliments dont en quelque sorte vous accablez le géomètre [1] dont vous combattez l'opinion. Puisse-t-il répondre dignement à cet assaut de civilité ; c'est ce que je désire plus que je n'espère.

J'ai été fâché de ne pas voir dans l'*errata* le mot *campanarum* à la place de *campanorum* qui, malheureusement, est répété trois ou quatre fois.

Aussitôt que nous pourrons faire un petit séjour à Paris, nous nous empresserons d'avoir l'honneur de vous voir. Ma femme se porte assez bien maintenant. Elle vous fait mille tendres compliments auxquels vous me permettrez mademoiselle, de joindre mes hommages respectueux.

LEGENDRE.

---

[1] Poisson.

XXIV

Paris, 23 juillet 1821.

Le secrétaire perpétuel de l'Académie à mademoiselle Sophie Germain.

Mademoiselle,

L'Académie a reçu avec le plus grand intérêt l'ouvrage que vous avez bien voulu lui adresser et qui est intitulé : *Recherches sur la théorie des surfaces élastiques*, que vous venez de publier. Elle me charge de vous remercier, en son nom, de l'envoi de ce mémoire intéressant qu'elle a fait déposer honorablement dans la bibliothèque de l'Institut, et de vous exprimer sa reconnaissance de cette nouvelle preuve que vous lui donnez de vos talents.

Agréez, je vous prie, mademoiselle, l'hommage de mon respect.

DELAMBRE.

XXV

CAUCHY [1] A SOPHIE GERMAIN

Paris, ce 24 juillet 1821.

Mademoiselle, j'ai reçu l'ouvrage que vous avez eu la bonté de m'adresser, ouvrage que le nom de son auteur et l'importance du sujet recommandent également à l'attention des géomètres. Je n'ai pour le moment à vous offrir en revanche qu'un volume [2] dans lequel j'ai cherché à éclairer les principales difficultés de l'analyse algébrique. Veuillez bien l'agréer, je vous prie, avec l'hommage de ma considération distinguée et de mes très-humbles respects.

AUGUSTIN CAUCHY.

[1] Augustin L. Cauchy, mathématicien, né à Paris en 1789, mort à Sceaux en 1857.

[2] *Cours d'Analyse de l'Ecole royale polytechnique,* 1re partie. Analyse algébrique, 1821, in-8.

XXVI

NAVIER [1] SOPHIE GERMAIN

Paris, 2 août 1821.

Mademoiselle, j'ai reçu avec reconnaissance l'ouvrage que vous avez bien voulu m'adresser. La lecture que j'en ai faite m'a inspiré beaucoup d'intérêt, et j'apprécie autant qu'il le mérite un écrit aussi remarquable, que bien peu d'hommes peuvent lire, et qu'une seule femme pouvait faire.

J'ai l'honneur d'être avec respect, mademoiselle, votre très-humble et très-obéissant serviteur.

NAVIER.

[1] Cl. L. M. Henri Navier, mathématicien, né à Dijon en 1785; mort à Paris en 1836.

XXVII

FOURIER A SOPHIE GERMAIN

Vendredi matin, 1822. [1]

Mademoiselle, je ne puis assez vous exprimer combien je suis reconnaissant de l'intérêt que vous m'accordez et de la grâce parfaite avec laquelle vous l'exprimez. Les personnes que vous aimez et que vous protégez ne doivent pas être malheureuses. Je me permettrai de vous recommander de ne point sortir : car l'air est très-froid et un grand nombre de personnes sont fort incommodées. J'étais revenu à pied mardi soir du faubourg Saint-Honoré, j'ai été saisi d'un rhume qui m'a causé des douleurs vives dans tout le corps. La médecine concevant le langage de

[1] D'après le contenu de cette lettre, il est facile d'établir que Fourier l'écrivit, en 1822, année pendant laquelle il fut, élu secrétaire perpétuel de l'Académie des sciences.

la géométrie appelle cette indisposition une courbature. La mienne était certainement d'un degré très-élevé. Enfin elle a cessé entièrement et j'ai pu sortir.

Je ne puis douter maintenant que le vœu du plus grand nombre de mes collègues soit de me choisir, et celui de mes concurrents qui se flatte le plus est dans une grande erreur. Mais il a recours à tant d'artifices qu'il y aurait de l'imprudence à ne pas le redouter.

M. Desfontaines [1] m'a dit que M. Legendre s'était entretenu avec lui de cette élection et que sans disconvenir de l'intérêt qu'il prenait à M. D*** [2] il l'avait assuré que dans tous les cas possibles il me donnerait son suffrage. M. Desfontaines en paraît convaincu. Je ne doute pas, Mademoiselle, que votre

---

[1] René-Louiche Desfontaines, botaniste, né à Trembley (Ille-et-Villaine), vers 1751, mort à Paris en 1833.

[2] Probablement F. P. Ch. Baron Dupin, mathématicien, né à Varzy (Nièvre) en 1784.

démarche et permettez-moi de le dire votre éloquence ne l'ayent touché. Un suffrage que je vous devrai a encore plus de prix à mes yeux. Celui de M. de Jussieu [1] est très-honorable par lui-même et je ne doute pas que vous ne l'ayez déterminé. L'élection n'aura lieu qu'au commencement de novembre. Je suis surpris qu'à cette époque M. de Jussieu soit encore à la campagne. J'apprends avec peine l'absence de M. de Montmorency, car son avis m'aurait été favorable. Enfin les dieux en décideront. Mais ce qui est indépendant des dieux ce sont mes sentiments de reconnaissance et de respect. Je vous prie d'en agréer l'hommage,

FOURIER.

---

[1] Ant. Laurent de Jussieu, botaniste, né à Lyon, en 1748, mort à Paris en 1836.

XXVIII

DU MÊME

Vendredi matin.

Mademoiselle,

Je regrette extrêmement de n'avoir pu répondre aussi promptement que je l'aurais désiré au sujet du mémoire de mathématique que vous nous avez envoyé. Je me suis acquitté fidèlement de la commission que vous m'aviez donnée en m'adressant cette pièce. M. Cuvier était chargé lundi dernier de la lecture de la correspondance. Je l'ai prié de présenter votre mémoire et j'en ai indiqué l'objet. Après la lecture on a nommé MM. Laplace, Prony [1] et Poisson commissaires. J'insisterai autant qu'il sera nécessaire pour qu'ils fassent le rapport que vous désirez. Si

---

[1] Gaspard Clair F. Marie Riche de Prony, mathématicien et ingénieur, né en 1755 à Chamelet (Rhône), mort à Paris en 1839.

M. Poisson a le dessein de montrer quelque opposition au résultat de vos recherches, il ne pourra s'empêcher de céder à l'autorité de l'expérience que personne ne sait mieux consulter que vous. Autant que j'ai pu prendre connaissance de la discussion dont vous vous êtes occupée, il m'a paru que vous mettez dans tout son jour l'insuffisance de l'hypothèse théorique dont il a voulu déduire l'équation du quatrième ordre, que vous avez trouvée. Je n'aurais pu concourir moi-même à l'examen et au rapport de ce mémoire sans me détourner des occupations instantes dont je me trouve chargé. Toutes les personnes présentes à la séance ont entendu avec le plus grand intérêt l'annonce de votre mémoire. La difficulté du sujet, la célébrité des auteurs qui l'ont traité et votre nom ne pouvaient manquer d'exciter l'attention. Nous nous en sommes entretenus avec plusieurs personnes à l'Académie et chez M. de La Place. Je vous remercie, Mademoiselle, des nouvelles marques d'intérêt que vous me donnez en vous occupant de ma santé et de mes travaux. C'est une obligation fâcheuse que celle des discours publics et les personnes dont j'estime le plus les suffrages sont celles que je crains le plus d'avoir pour auditeurs.

J'aurais préféré de vous rendre compte de vive voix au sujet de la présentation de votre mémoire, et je profiterai d'une autre occasion pour vous en parler. Je suis présentement retenu par des occupations beaucoup moins agréables.

Agréez, Mademoiselle, avec l'hommage de mes remercîments, celui de mon respect.

J. FOURIER.

P.-S. Le procès-verbal que j'ai rédigé contient la mention de la lecture de votre mémoire et la lettre, par laquelle je vous informe des noms des commissaires, ne vous est point encore parvenue, parce qu'on n'a coutume de les expédier qu'après que le procès-verbal a été lu et adopté.

XXIX

INSTITUT DE FRANCE
ACADÉMIE ROYALE DES SCIENCES

Paris, le 30 mai 1823.

Le Secrétaire perpétuel de l'Académie.

Mademoiselle,

J'ai l'honneur de vous prévenir que toutes les fois que vous vous proposerez d'assister aux séances publiques de l'Institut, vous y serez admise dans l'une des places réservées au centre de la salle. L'Académie des sciences désire témoigner par cette distinction tout l'intérêt que lui inspirent vos ouvrages mathématiques et spécialement les savantes recherches qu'elle a couronnées en vous décernant un de ses grands prix annuels.

Agréez, Mademoiselle, l'hommage de mon respect.

FOURIER.

XXX

DU MÊME.

Dimanche 1er juin 1823.

J'ai l'honneur de me rappeler au souvenir et à la bienveillance de Mademoiselle Germain. Je désirais depuis longtemps me présenter chez elle, mais des occupations urgentes m'en ont détourné. Je lui envoie ci-joint : 1° une lettre officielle ; 2° un billet de centre pour la personne qui l'accompagnerait. Si Mademoiselle Germain ne se propose pas d'assister à la séance, je la prie de disposer du billet comme elle le jugera convenable et s'il était nécessaire, j'en pourrais remettre un ou plusieurs autres, mais non du centre.

Hélas, je devrais bien plutôt garder tous ces billets. Je suis condamné à causer au public un grand ennui et je vais paraître demain comme une faible lueur au milieu d'un feu d'artifice. Mais je suis résigné à toutes les comparaisons possibles. Il m'a paru raisonnable de prendre dès le début un ton grave et simple que je puis conserver et de m'abstenir de toute prétention à des succès que je ne pourrais pas obtenir et que je ne désire point. Ce que je désire surtout c'est de conserver l'estime et le souvenir de mademoiselle Germain.

Je la prie de recevoir l'expression de mon respect.

FOURIER.

XXXI

DU MÊME

Mardi soir, 3 juin 1823.

Je renouvelle l'expression de mes éternels remercîments pour les témoignages de bonté et d'amitié que j'ai reçus de mademoiselle Germain.

J'envoie deux billets dont l'un est converti en billet de centre. Jamais on n'a montré autant d'empressement et il y a plus d'un mois que M. Cuvier et moi avons reçu des demandes sans nombre. Mais n'eussé-je qu'un seul billet, j'en disposerais certainement pour mademoiselle Germain.

Je suis encore bien incertain de savoir si je pourrai profiter de l'offre très-obligeante et très-aimable concernant la place de la loge. Car le matin nous aurons une longue séance. Mais si je vais le soir aux Italiens, ce serait seulement pour occuper une place dans la loge et je ne pourrais y aller qu'à huit heures et demie.

Je prie bien instamment mademoiselle Germain de disposer de cette loge et je renvoie le billet. Mais si elle a la bonté d'insister à cet égard, je désire qu'elle veuille bien se contenter de me renvoyer par le porteur un bon pour une place. J'espère être assez heureux pour en profiter. Mille respects et mille remercîments.

J. Fourier.

XXXII

CAUCHY A S. GERMAIN

Sceaux-Penthièvre, ce 23 juillet 1823.

Mademoiselle, j'ai reçu la lettre que vous m'avez fait l'honneur de m'écrire avec le mémoire qui l'accompagnait. Je vous remercie d'avoir bien voulu m'adresser un exemplaire de cet ouvrage que je lirai avec tout le soin que réclament et l'importance du sujet et le mérite de l'auteur.

Agréez, je vous prie, l'hommage du respect avec lequel je suis, mademoiselle, votre très-humble et très-obéissant serviteur.

A. L. CAUCHY.

XXXIII

INSTITUT DE FRANCE

ACADÉMIE ROYALE DES SCIENCES

Paris, le 24 juillet 1823.

Le secrétaire perpétuel de l'Académie à mademoiselle Sophie Germain,

Mademoiselle, l'Académie a reçu l'ouvrage que vous avez bien voulu lui adresser et qui est intitulé : *Remarques sur la nature, les bornes et l'étendue de la question des surfaces élastiques, et équation générale de ces surfaces.*

J'ai l'honneur de vous remercier, au nom de l'Académie, de l'envoi de cet ouvrage. M. Cauchy a été désigné pour en faire un rapport verbal. Ce volume sera déposé dans la bibliothèque de l'Institut.

J'ai l'honneur, mademoiselle, de vous offrir l'assurance de mon respect.

BARON FOURIER.

XXXIV

SOPHIE GERMAIN A ..... [1]

Ce 18 juillet ***

Monsieur, Je vois avec plaisir que mes nouvelles remarques ont été renvoyées à votre jugement, aucun autre ne m'aurait paru aussi sûr.

J'ai suivi votre avis, en imprimant ; je m'es-

---

[1] Nous n'avons pu retrouver la date précise de cette lettre, ni savoir à qui elle fut adressée.

timerai heureuse si vous prenez la peine de me communiquer vos observations. Il y a dans ce petit écrit trois choses qui me semblent de quelque importance : 1° La définition de la question d'où résulte la connaissance des conditions de ce cas particulier du mouvement des solides doués d'élasticité. On voit, sans que j'aie eu besoin de le dire, que les nombreuses expériences de monsieur Savart sont étrangères à cette question. Elles ne pourraient être expliquées qu'à l'aide d'une théorie plus étendue et telle que celle dont vous vous êtes déjà occupé. En effet, si dans les expériences dont je parle on parvenait à séparer les différentes couches dont on peut concevoir que l'épaisseur soit composée, chacune d'elles présenterait des figures particulières, l'épaisseur varierait aussi à raison du mouvement. Et en effet, l'expérience rend alors sensibles les différences d'épaisseur produites par le mouvement. Je m'en suis moi-même assurée et d'ailleurs M. Savart en a fait l'observation. J'avais prié M. Ampère [1] de vous demander où je pourrai trouver ce que vous avez publié sur le cas général du mouvement des corps élastiques, il ne l'a pas fait, et je n'ai pu retrouver qu'un premier aperçu insuffisant à mon instruction. Autant que je puis me rappeler, ce que vous avez pris la peine de m'expliquer vous-même, le mouvement devrait être considéré comme composé et produit par des forces qui agiraient suivant toutes les directions possibles ; le mouvement des surfaces présenterait le cas particulier où la résultante des forces qui agiraient sur chacune des molécules, serait perpendiculaire aux différents plans tangens. Je serais bien enchantée que vous voulussiez reprendre ce genre de recherches et mon faible travail prendrait à mes yeux une importance réelle, s'il pouvait contribuer à y ramener votre attention.

[1] André-Marie Ampère, physicien, né à Lyon en 1775, mort à Marseille en 1836.

Une seconde considération sur laquelle je voudrais avoir votre avis est celle des courbures moyennes. J'en avais déjà parlé dans le premier mémoire que j'ai publié. Il arrive par rapport à la courbure ce qu'on observe dans une foule d'autres manières d'être des corps. Je veux dire que l'état réel des points dont la position est également éloignée de ceux auxquels appartiennent les manières d'être extrêmes donne l'état moyen du système. C'est ainsi que la température des points qui sont également éloignés de ceux qui possèdent le maximum et le minimum de température est égale à la température moyenne. Ici il faudrait une égale quantité de chaleur pour faire changer une température moyenne donnée. A l'égard des surfaces il faudrait des forces égales pour faire changer une courbure moyenne donnée, en sorte que la courbure de la sphère est toujours comparable à celle d'une surface de figure quelconque. Il m'a paru que cette remarque pouvait être de quelque utilité, et elle m'a servi à donner une forme assez simple à l'équation générale des surfaces. Enfin cette équation même me semble incontestable et je mettrais beaucoup d'intérêt à savoir ce que vous en pensez.

Peut-être trouverez-vous que c'est abuser de votre complaisance d'ajouter l'ennui de ce commentaire à celui de la lecture du petit mémoire. Je n'aurais d'autre excuse que l'importance que je mets à votre jugement. Je vous prie, monsieur, d'en agréer l'assurance en même temps que celle de mon respect.

FIN.

TABLE DES MATIÈRES

	Pages.
Notice sur S. Germain	7
Considérations sur l'état des sciences . . .	95
Pensées diverses	235
Correspondance	289

Arras. — Imp. H. Schoutheer, rue des Trois-Visages, 53.

Made in the USA